마리아의 비밀

KB191631

# 마리아의 비밀

**1판 1쇄 발행** 2023년 2월 10일

**저자** 위 영

**교정** 주현강   **편집** 문서아

**마케팅** 박가영   **총괄** 신선미

**펴낸곳** (주)하움출판사   **펴낸이** 문현광

**이메일** haum1000@naver.com   **홈페이지** haum.kr
**블로그** blog.naver.com/haum1000   **인스타그램** @haum1007

**ISBN** 979-11-6440-306-6 (03230)

천지창조에서부터 예수의 탄생까지

# 마리아의 비밀

하움출판사

# 목 차

## 성령 잉태에 대한 의문

살다 보면 초자연적인 현상을 체험하기도 한다. 하지만 초자연적인 것과 비과학적인 것은 다르다. 여자가 남자 없이 혼자 아기를 갖는다는 것은 신이 창조한 우주의 질서를 위배하는 비과학적인 것이다.

예수를 믿는 사람 중에는 성령 잉태를 믿는 사람도 있고 아닌 사람도 존재할 것이다. 그런데 성령 잉태를 믿지 않는 사람들에게는 항상 따라다니는 의문이 있다.

예수의 진짜 아버지는 누구인가?
마리아는 왜 그랬어야만 했는가?
신은 왜 그런 지시를 내려야만 했나?

꼬리에 꼬리를 무는 의문이 풀리려면 비밀의 열쇠를 찾기 위해 성경을 뒤져야만 한다. 이 책은 그러한 비밀을 찾아 나가는 여정을 담고 있다.

**성경의 비밀**

비밀의 열쇠는 성경을 관통하는 일관된 키워드에 달려 있다. 보통 사람들은 성경이 '사랑'이라는 키워드로 가득 채워져 있을 거라 생각한다. 하지만 성경은 그 반대의 흐름을 보여 준다.

질투, 시기, 변심

이 세 가지가 성경의 전반에 흐르는 키워드이다. 그것들이 성경에서 보여 주는 타락한 인간의 적나라한 내면이다.

좀 더 구체적으로 들어가면 인간의 타락으로 인해 잃어버린 세 가지가 존재함을 알 수 있다.

1. 여자가 한 남자를 상대해야 했지만 두 남자를 상대했다.
2. 먼저 나온 자가 나중 나온 자를 섬겨야 했는데 그러지 못했다.
3. 신이 맺어 준 정혼자를 사탄이 뺏어 갔다.

이 세 가지를 회복하기 위해 신은 인간에게 그와 반대되는 과업을 주었다.

1. 두 여자가 한 남자를 상대해야 한다.
2. 먼저 나온 자가 나중 나온 자를 섬겨야 한다.
3. 사탄의 정혼자를 뺏어 와야 한다.
이 책을 읽다 보면 신과 인간이 세 가지 과업을 완

성하기 위해 눈물 나는 역경을 어떻게 참아 내며 이겨 냈는지 알 수 있다.

성경을 자세히 들여다보면 또 다른 키워드가 존재하는데 이 키워드는 과업을 이루기 위한 일종의 무기와 같다.

믿음, 사랑, 혈통

성경은 변심으로 비롯된 인간을 회복하기 위해 반대로 믿음을 강조한다. 믿음을 세운 사람을 통해 모든 것이 시작된다.

사랑은 오늘날 우리가 알고 있는 자선적인 사랑과는 다르다. 그것은 악을 악으로 대하지 않고 품어야만 이길 수 있는 무기다. 즉, 악을 이기기 위한 무기가 사랑인 것이다.

혈통은 성경상의 무수한 족보를 보더라도 그것이

얼마나 중요한지 알 수 있다. 예수의 족보를 강조하는 것은 단순히 이스라엘의 문화적 배경 때문이 아니라 혈통을 통해 구원의 길을 제시하기 때문이다.

이렇듯 마리아의 비밀은 성경이 갖고 있는 키워드를 알아야만 풀린다.

### 마리아의 고통

이 책을 읽다 보면 마리아가 어떤 고통을 겪었는지 알게 된다. 사실 마리아의 고통은 신의 고통이기도 하다. 또한 예수의 고통이기도 하다.

십 대의 나이에 아이를 갖고 하늘의 명령을 따른다는 것이 인간적으로 얼마나 어려운 일인가? 성경에서는 단순하게 나와 있어서 그것이 어느 정도의 고통인지 보통 사람은 쉽게 알기 힘들다. 하지만 그 여정을 세세히 들여다보고 추적하다 보면 마리아가 겪었던 고통은 일반 사람들의 상상을 초월하는 것이었다.

신은 마리아가 고통을 겪는 것을 원하지 않았다. 하지만 신도 어쩔 수 없는 상황들 앞에 마리아와 같은 고통을 느꼈다. 더불어 어린 예수도 힘들고 어려운 일들을 겪으며 자라야만 했다.

이 책을 통해 그들의 삶과 고통을 사람들이 이해하기를 바란다. 또한 마리아라는 여인이 지금까지와는 다른 시각에서 재조명되기를 바라는 마음이다.

CHAPTER

1

# 하늘의 아들과 딸

신이 혼자 있는 것이 외로워 세상을 창조하고 기쁨을 느끼고자 했다. 그가 세상을 창조하기에 앞서 천사 세계를 먼저 창조했다. 수천의 천사가 신의 여러 가지 과업을 돕기 위해 창조되었다. 그들 중 루시엘, 가브리엘, 미카엘은 대장으로 세워 많은 천사를 다스리게 했다.

천사 대장 중 루시엘은 가장 총명하여 신으로부터 많은 사랑을 받고 있었다. 그는 특히 감수성이 예민하여 노래를 잘하고 시를 잘 지었다. 그가 노래를 하고 시를 읊을 때는 다른 이들이 감동을 받아 눈물을 흘리기도 했다. 또한 머리가 비상하고 뛰어나서 대장 중 대장, 총대장을 맡고 있었다.

신은 우주와 바다와 갖가지 식물과 동물을 창조했다. 그는 온갖 삼라만상을 창조하고 나서 너무도 기뻤다. 그는 루시엘 총대장에게 명령했다.

"세상을 창조하고 나니 그 기쁨이 너무도 크다. 총대장은 모든 천사를 모아 놓고 기쁨의 잔치를 베풀라."

모든 천사가 모여서 잔치를 벌이고 기쁨을 나누었다. 루시엘은 자신의 특기인 아름다운 노래와 축시를 선물로 바쳤고 다른 천사들은 앞다투어 한마디씩 축하의 말을 했다.

"하나님, 이렇게 아름다운 세상을 창조하신 것을 축하드립니다."

"그래, 고맙다. 다 너희 덕분이다."

"하나님, 이제 지으신 이 세계를 보면서 영원토록 기쁨 누리소서."

"그래, 고맙구나. 한데 아직은 한 가지 남은 일이 있다."

신이 아직 한 가지 남은 일이 있다고 하자 다들 놀란 듯 서로의 얼굴만 쳐다봤다. 그때 루시엘이 신에게 물었다.

"그것이 무엇이옵니까?"

"이 세상 모든 것을 다스릴 인간을 창조하는 일이다."

때가 되어 신은 마지막 남은 과업을 이루기 위해 천사 대장들을 모았다.

"이제 지은 모든 것을 다스릴 인간을 만들 것이다. 그들은 우리의 형상대로 아름다운 몸과 팔과 다리를 닮아서 날 것이며, 이 지상에 번성하여 세상의 주인이 될 것이다."

신은 흙의 모든 요소를 모아 정성스럽게 2명의 아

기를 창조했다. 하나는 남자 아기였고, 하나는 여자 아기였다. 남자 아기는 아담이라고 하고 여자 아기는 하와라 이름하였다.

신은 어린 아기들의 재롱을 보면서 기쁨을 감추지 못했다.

"내가 세상을 창조할 때 기쁨이 너무도 컸는데, 그 기쁨은 이 아기들의 창조와는 비할 바가 아니다. 아기들의 웃음과 재롱은 그 무엇과도 바꿀 수 없구나."

곁에 있던 가브리엘이 기뻐하며 말하였다.

"저희는 부모가 되어 보지 못해서 알 수 없으나, 하나님이 부모가 되셔서 그런가 봅니다."

"그렇다. 내가 아담과 하와를 낳고 부모가 되어 보니 그 기쁨을 이제야 알겠구나. 하하하."

하지만 루시엘은 왠지 서운한 감정이 올라왔다.

'하나님이 전에는 나를 최고로 보시더니 지금은 저 나약하게 생긴 아기가 더 이뻐 보이나 보구나…. 이제 나는 찬밥 신세인 것인가?'

신은 루시엘이 예민한 성격이라 하늘의 자녀까지 질투할 수 있음을 알고 있었다. 신은 그런 루시엘을 꾸짖기보다는 아이들의 양육을 맡겨 아이들로부터 사랑의 마음을 느끼게 하려 했다. 시간이 흐르고 루시엘은 아담과 하와를 가까이 대하고 그들을 가르치면서 자신을 돌아보게 되었다.

'내가 괜한 오해를 했다. 하나님이 저 아이들을 사랑하듯이 나도 사랑해야 함을 깨달았다. 이것을 깨닫게 하려고 나에게 저들과 가까이하게 하셨구나.'

신의 의도대로 루시엘은 자신의 잘못된 생각을 접고 아이들이 잘 커 나갈 수 있도록 전념했다.

하지만 그들이 성장함에 따라 또 다른 고민이 생겨나기 시작했다.


하늘의 아들인 아담은 성장하면서 남자다워졌다. 어깨도 넓어지고 제법 남자다운 목소리가 매력이 있었다. 하늘의 딸인 하와는 성장할수록 아름다워졌다. 고운 피부와 맑고 청아한 목소리는 특히 신에게 가장 큰 기쁨을 주었다.

하지만 하늘의 딸 하와는 루시엘에게는 고통의 대상이 되고 있었다. 루시엘은 하와를 보고 있으면 남들처럼 아름다움에 푹 빠져 즐거워했지만 한편으로는 그 대상이 자기 것이 아니라는 것에 대해 분노가 올라와 고통스러웠다. 한동안 잠잠하던 그의 예민함이 다시금 잘못된 감성을 깨웠던 것이다.

루시엘은 하와가 더욱 아름다워질수록 질투와 시기의 마음이 생겨나기 시작했다.

'왜 내게서 이런 두 가지 마음이 생겨나는 것일까? 처음에는 하나님의 사랑을 받는 저들처럼 사랑받지 못하는 나 자신으로 인하여 질투의 마음이 생겨나더니 이제는 나는 가질 수 없는 아름다운 하와를 아담이 차지한다는 생각으로 인하여 시기의 마음이 생겨나는구나.'

루시엘은 자신의 이런 마음을 다스리려고 해도 시도 때도 없이 올라오는 마음을 주체할 수 없었다. 그는 점점 더 이런 잘못된 마음의 노예가 되어 가기 시작했다.

‘질투와 시기, 이런 마음은 어디서 오는 것인가? 모든 것이 하나님이 창조한 것이니 이런 마음도 다 하나님이 창조하신 것 아닌가? 그렇다면 이런 마음이 든다고 내가 죄책감을 가질 필요가 있겠는가? 내가 무엇을 하든 그 모든 것이 신이 만들어 낸 결과이니 괴로워할 필요 없이 내가 하고 싶은 대로 해야겠다.’

루시엘은 자신의 잘못된 감정마저도 신의 탓으로 돌리면서 자신을 합리화했다. 그런 그는 점점 망상에 사로잡혔고, 급기야는 신의 뜻과는 멀어지는 행위를 하려고 하였다.

# 빼앗긴 정혼자

이스라엘 민족의 오래된 결혼 풍습 중 하나는 정혼식이다. 정혼식은 정식 결혼을 하기 전에 하는 예식이다. 이 정혼식 이후에 1년 정도 따로 떨어져 지내다가 신랑 아버지가 날짜를 결정하면 정식 결혼을 하게 된다. 이러한 풍습의 유래는 태초에 남자와 여자를 창조하고 정혼을 시켰던 신의 의도에서 비롯된 것이다.

신은 아담과 하와가 성장하여 혼례를 올리길 소망했다. 그들이 15세가 되었을 때 신은 아담과 하와를 불러 놓고 정혼식을 올렸다. 신은 둘의 손을 잡고 강한 목소리로 당부했다.

"이제부터 너희는 정혼자이니 몸가짐을 단정히 하고 앞으로 혼례를 올릴 때까지 절대적으로 정조를 지켜야 한다."

신은 그들이 16세가 되어 혼례를 올리기만을 학수고대 기다렸다.

그러나 문제가 생겼다.

하늘의 딸인 하와는 16세가 거의 되었을 때 정혼자인 아담보다는 다른 남자에게 눈길을 보내고 있었다. 나이 어린 아담보다는 훨씬 성숙하고 세련되어 보이는 그런 남자 말이다. 그는 바로 천사계의 총대장 루시엘이었다. 하와의 눈에는 루시엘은 정말 뛰어난 외모와 노래 실력을 갖추고 있었다. 그가 노래할 때면 하와는 황홀하기까지 했다. 황홀함에 빠져서 루시엘을 바라보는 하와의 눈빛을 알고 있던 루시엘은 하와

앞에 서면 더욱더 아름다운 목소리로 노래를 부르곤 했다. 그는 하와가 자신에게 빠져드는 모습에 무한한 사랑의 욕망을 느꼈다. 순수하고 여린 하와의 눈망울은 루시엘의 탐욕을 더욱더 증폭시켰다. 그런 망상에 빠지자 감히 하늘의 딸인 하와를 넘보기 시작했다. 그는 음흉한 미소를 띠며 속으로 생각했다.

'아름다운 하와를 보고 있으면 하와를 소유하고 싶은 욕망에 사로잡힌다. 전에는 그런 욕망이 잘못이라고 괴로워했지만, 지금은 그렇지 않다. 나는 그 욕망을 채우고 싶다.'

신은 모든 것을 이미 알고 있었다.

어느 날 신은 아담과 하와 그리고 루시엘을 불러 모아 놓고 엄포를 내렸다.

"내가 너희에게 분명히 이르노니, 아담과 하와는 정혼자이다. 혼례 전까지는 정조를 반드시 지켜야 한다. 정혼의 약속을 어기고 다른 행동을 한다면 정녕 죽으리라!"

이런 신의 강한 명령에도 불구하고 하와에게 빠진

루시엘은 하와를 꼬드겨서 으슥한 데로 데려가곤 했다. 그는 온갖 감언이설로 하와의 정조를 뺏으려고 했다.

"하와야, 너와 내가 사랑하게 되면 너는 머리가 깨여 아담보다 더 똑똑해질 것이다. 하나님은 네가 아담보다 더 똑똑해져 그가 너를 시기할까 두려운 것이다. 하지만 나만 믿어라. 너는 더 똑똑해지고 하나님의 사랑을 더 받게 될 것이다."

하와는 루시엘의 남자다움, 때로는 따뜻한 목소리에 눈이 멀어 버려 신의 경고는 점점 멀어지는 메아리가 되어 갔다. 그리하여 사랑에 눈먼 하와는 루시엘의 뜻에 따라 깊은 관계를 맺고 말았다.

하와가 루시엘과 관계를 맺고 난 후 그는 진짜로 머리가 깨여 이 모든 것이 큰일임을 그제야 깨닫게 되었다.

"루시엘 천사님, 이제 어쩌면 좋아요? 하나님이 우리를 벌하실 거예요."

하와가 공포에 떨며 어쩔 줄 모르는 것과는 달리 루시엘은 갑자기 뻔뻔해지기 시작했다.

"우리? 하나님이 우리를 벌하신다고? 너야 정혼을 깼으니 벌을 받겠지만 나는 무엇을 깨서 벌을 받는단 말이냐? 내가 너를 사랑한 죄로? 사랑은 죄가 아니다. 나는 단지 너를 사랑했을 뿐이다."

하와는 그제야 깨달았다. 루시엘은 더 이상 자기를 사랑하지도 않고 지켜 주지도 않으리라는 것을.

루시엘은 관계를 맺고 난 후 지금까지와는 180도 다른 태도로 돌변했다. 관계를 맺기 전까지는 그리 애타게 하와에게 구애를 하더니 하와의 몸을 뺏고 나서는 만 정이 사라진 사람처럼 매몰차게 가 버리고는 두 번 다시 나타나지 않았다.


하와는 죽고 싶을 정도로 괴로웠다. 그때 아담이 가까이 와서 말했다.

"하와야, 무슨 일이니? 얼굴이 창백하다. 몸이 안 좋은가 보구나. 하나님에게 말씀드려야겠다."

"아니야. 나 괜찮아. 그냥 이대로 잠깐만 내 곁에 있어 줘."

아담은 하와가 하라는 대로 곁에 앉아서 지켜 주었

다. 하와는 괴로웠던 마음이 누그러들기 시작했다. 그는 마음이 한결 나아지자 아담을 물끄러미 바라봤다. 어리게만 보였던 아담이 오늘따라 달리 보였다.

'이제 보니 아담이 진짜 나의 남자였구나. 그러면 뭐 하나. 아담은 하나님의 사랑을 받고 나는 버림을 받을 것인데....'

하와는 자신의 처지가 이제는 하나님에게 벌을 받아야 하는 버림받은 존재라고 생각하니 아담이 부럽기도 하고 한편 밉기도 했다. 여리고 순수했던 하와는 루시엘과 사랑의 관계를 맺고 나서 그가 갖고 있던 질투와 시기의 마음이 전염되고 말았던 것이다. 그러다 문득 아담도 자기와 같은 처지가 된다면 좋겠다는 잘못된 생각을 하게 되었다.

'아담과는 어차피 부부가 될 운명이 아니던가? 내가 아담을 끌어안고 나와 같은 처지가 되면 하나님도 나만 벌하지는 못하실 거다.'

하와가 갑자기 아담을 안았다. 아담은 하와의 이런 행동을 이상하게 느꼈지만 뿌리치지 못했다. 아담은 그저 하와가 몸이 힘들어서 하는 행동이겠거니 생각했다.

"아담, 오늘은 내 방에서 나가지 말고 나와 함께 있어 줘."

하와는 아담을 끌어안고 키스를 했다. 아담이 사뭇 놀라고 당황했지만 하와는 루시엘로부터 배웠던 사랑의 기술들을 이용해서 아담을 압도해 버렸다. 압도를 당한 아담은 하와가 시키는 대로 따랐고 결국 둘은 그날 밤 관계를 맺었다.

아담이 하와와 관계를 맺고 나니 그도 하와가 처음 겪었던 공포가 전염되었다. 그는 얼굴을 감싸 쥐고는 깊은 신음을 했다.

'아, 이제야 내가 큰 죄를 저지른 것을 알겠구나. 이를 어쩌나. 어찌 하나님을 본다는 말인가.'

그는 깊은 상념에 빠져 신으로부터 멀리 떠나 숨어 버렸다.

신은 이 모든 사실을 이미 알고는 억장이 무너지고 분노하였다.

신이 분을 꾹꾹 참으며 아담을 찾아와 물었다.

"아담아! 어찌하여 이런 일을 저질렀느냐?"

아담은 한참을 눈치만 살피더니 결국 한마디를 한다는 것이 남의 탓을 하기 시작했다.

"하나님, 하와가 시켜서 그만...."

신은 아담이 핑계를 대고 남 탓을 하는 것에 더욱더 분노가 치밀어 올랐으나 꾹 참고 하와를 찾아서는 물었다.

"하와야! 너는 어찌하여 이런 일을 저질렀느냐?"

하와 또한 자기변명에 급급하여 남 탓을 하며 핑계를 댔다.

"하나님, 루시엘이 시켜서 그랬습니다...."

신은 더 이상 아무 말을 않고 눈을 지그시 감았다.


가브리엘은 신이 모든 것을 알고 있었음에도 인간들의 행위를 간섭하지 않은 것이 못내 궁금하였다.

"하나님, 어찌하여 아담과 하와의 행동을 막지 않으셨나요?"

가브리엘의 질문에 신은 대답했다.

"만일 내가 그들의 행위를 일일이 간섭했다면 그들

은 그 무엇도 자신의 뜻대로 하며 살지 못하는 존재가 되었을 것이다. 그것은 마치 시키는 대로 조종되는 꼭두각시 같은 것이다. 내가 인간을 지은 이유는 내가 시키는 대로만 하는 꼭두각시를 보고자 함이 아니라 스스로 성장하여 부모를 닮아 가는 자녀를 보기 원함이었다. 또한 계율을 준 이유는 그것을 지켰다는 조건으로 세상을 다스리는 제1인자로 앉히려고 했던 것이다. 그런데 간섭을 하게 되면 그 모든 것은 한순간에 다 날아가고 마는 것이었다. 그러므로 나는 그들의 행위를 간섭할 수 없었던 것이다."

그런 깊은 뜻이 있음을 헤아린 가브리엘은 또다시 물었다.

"하나님, 당신의 자녀들을 죄의 구렁텅이로 몰아넣은 저 루시엘은 어찌하여 벌하시지 아니하시나이까?"

"가브리엘, 아담은 자신의 책임을 하와에게, 하와는 또 그 모든 책임을 그에게 돌렸다. 만일 아담이 자기의 잘못을 인정했다면 아담을 통해 모든 것이 회복되었을 것이오, 만일 하와가 잘못을 인정했다면 하와를 통해 모든 것이 회복되었을 것이다. 그러나 그들은 변명하고 모든 책임을 루시엘에게 돌렸다. 만일 내가 그를 벌한다면 그가 그 모든 책임에 대한 벌을 받는 것이 된다. 그러면 그가 뭐라고 하겠느냐? 그는 나를 향해 '누가 그들의 부모입니까?'라고 물었을 것이다. 실로 이 모든 것에 대한 책임은 부모인 나에게 있거늘 만일 그가 그 모든 책임을 지고 벌을 받는다면 이후에 그가 진짜 부모 행세를 해도 나는 아무 말도 할 수 없었을 것이다."

신의 말을 다 듣고 난 가브리엘은 신의 깊은 뜻에 감탄하며 머리를 숙였다.

# 뺏어 와야 할 정혼자

"당장 너희는 이곳에서 멀리 떠나라!"

신은 분노하며 인간을 위해 만들어 놓은 아름다운 동산에서 그들을 쫓아냈다. 그들은 산짐승들을 피해 동굴 속에서 살아야만 했다. 가끔 가브리엘이 찾아와 먹을 것과 입을 것을 가져다주었다.

"너희가 아직 어리고 살아가는 방법을 모르니 하

나님께서 나를 통하여 너희에게 가르쳐 주라고 하셨다."

"감사합니다. 하나님은 잘 계시는지요. 너무도 보고 싶습니다."

"잘 들어라. 하나님은 너희를 다시는 찾아오시지 않을 것이다. 너희의 죄가 다 씻겨서 사라진다면 그때 너희는 하나님을 뵐 수 있을 것이다."


한편 루시엘은 자신이 저지른 행동의 결과로 하나님과는 영영 멀어지고 더 이상 아무도 자기를 상대하지 않을 것이라는 생각에 괴로워했다. 하지만 자신의 잘못은 절대 인정하려고 하지 않았다.

'내가 무엇을 잘못했나? 나는 잘못이 없다. 이것은 하나님이 인간같이 나약한 존재를 창조한 탓이다. 나는 그저 나의 본능에 따라 행동했을 뿐이다. 이 모든 결과가 하나님이 세상을 창조해서 벌어진 일이 아니더냐? 내가 만든 세상도 아닌데 내가 왜 책임을 지냐? 나는 아무 죄가 없다.'

그는 아무도 없는 어둠 속에서 몇 시간씩 자신은

죄가 없다며 소리치고 다녔다. 그러다가 갑자기 자신의 모습을 거울로 바라보고는 생각했다.

'어차피 인간들이 나락으로 떨어져 하나님도 이 세상의 주인이 아니다. 그렇다면 저 인간들을 내가 지배한다면 이 세상의 주인은 내가 될 거 아닌가?'

그는 거울에 비친 자신의 모습을 보면서 음흉한 미소를 날렸다.


루시엘은 바로 행동에 옮겼다. 그는 자신을 따르던 부하들을 온갖 입에 발린 말로 포섭하고 다녔다. 그는 그들을 끌고 자기만의 뭔가를 만들려고 했다. 이런 사실을 알게 된 가브리엘 대장이 천사들에게 소리쳤다.

"루시엘은 이제 더 이상 너희의 대장이 아니다. 그는 한 입으로 두말하는 교활한 자이다. 마치 두 갈래로 갈라진 뱀의 혀와 같은 말로 너희를 현혹할 것이다. 봐라. 그가 이미 뱀의 형상으로 변한 것이 보이지 않더냐? 그러니 절대 그의 말을 듣지 말고 자리를 지켜야 한다. 그렇지 않으면 너희도 영원한 어둠 속에서 그와 같이 뱀의 형상으로 살아갈 것이다."

그렇게 외쳤지만 루시엘의 꼬임에 넘어간 몇몇 천사가 그를 따라갔다. 루시엘은 그들을 끌고는 아무도 찾지 않는 컴컴한 곳으로 가 버렸다. 그는 그곳에서 사탄이라는 이름으로 왕 노릇을 하며 호시탐탐 인간들의 세상을 어떻게 간섭할까 궁리했다.

그의 부하 하나가 다가와 물었다.

"사탄이시여, 저 인간들 중 몇몇은 믿음이 확고하여 우리의 간섭이 먹히질 않습니다. 그런 자들은 어떻게 해야 합니까?"

"잘 들어라. 비록 저 인간들은 하나님이 지으셨지만 저들의 진짜 주인은 바로 나다. 저들의 색을 봐라. 전에는 순수하고 밝은 빛이더니 이제는 탐욕과 죄악으로 인해 회색으로 변했다. 점점 더 시간이 흐르면 그들은 우리처럼 검은색으로 변할 것이다. 이제 알겠느냐? 제아무리 믿음이 강하다고 발버둥을 쳐 봤자 그들의 모든 성품이 다 나를 닮아 난 것이다. 이러니 어찌 이 세상의 주인이 내가 아닐 수 있겠느냐? 하하하. 명심해라. 절대 저 인간들을 하나님 곁으로 다시는 돌아가지 못하게 해야 한다."

　모든 것을 잃고 비통해하는 신의 곁에 가브리엘이 다가와 물었다.

　"아담과 하와는 이제 앞으로 어떻게 되는 것입니까? 저들의 죄가 커서 영원히 구제받을 수 없는 것인가요?"

　"부모는 자식을 버릴 수 없는 법이다. 저들의 죄가 커서 당장은 돌아오기 어려우나, 앞으로 저들이 지금까지 빼앗긴 것들을 다시 찾아오면 모든 것을 돌릴 수 있다. 내가 저들을 창조한 부모이니 저들을 구원할 책임도 나에게 있다. 그러니 내가 반드시 저들이 빼앗긴 모든 것을 찾아오게 만들 것이다."

　신은 가브리엘을 데리고 땅끝이 보이는 아주 높은 곳으로 올라갔다.

　"가브리엘."

　"네, 하나님."

　"빼앗긴 것들을 찾기 위해서 그들이 해야 할 것들을 알려 주겠다."

"네."

"잘 들어라. 한 여자가 한 남자를 상대해야 했다. 그런데 한 여자가 두 남자를 상대했다."

이는 하와가 루시엘과 아담을 상대했던 것을 지적하는 것이었다.

"이를 회복하려면 두 여자가 한 남자를 상대해야만 할 것이다."

"두 여자가 한 남자를 상대한다고요?"

가브리엘이 당황한 표정을 지었지만 신은 계속 말을 이어 갔다.

"먼저 나온 자가 나중 나온 자를 섬겨야 했다. 그런데 그렇지 못했다."

이는 루시엘이 아담을 섬기지 않았던 것을 지적하는 것이었다.

"이를 회복하려면 먼저 나온 형이 나중 나온 동생을 섬겨야 할 것이다."

"하나님, 그러니까 첫째, 두 여자가 한 남자를 상대해야 한다. 둘째, 형이 동생을 섬겨야 한다. 이 두 가지의 조건만 세운다면 그들은 구원을 받을 수 있다는 말인가요?"

　신은 다시금 멀리 하늘 끝을 바라보며 말을 했다.

　"하지만 이보다 더 힘든 일이 있다."

　"네? 이보다 더 힘든 일이라고요?"

　"세 번째는 인간 세상에서 가장 어려운 일이다."

　"하나님, 그것이 무엇이옵니까?"

　"가브리엘, 죄 중 가장 큰 죄가 무엇이냐? 그것은 하늘의 정혼자를 뺏어 간 것이다."

　이는 루시엘이 정혼한 하와의 정조를 빼앗았음을 말하는 것이었다.

　"따라서 세 번째 해야 할 일은 빼앗긴 정혼자를 다시 뺏어 와야 한다. 앞서 첫 번째, 두 번째는 빼앗긴 정혼자 하나를 찾기 위한 것일 뿐이다. 따라서 이 세 번째가 그 무엇보다도 중요한 것이다. 인간들이 하늘에 대한 믿음을 다하여 목숨을 걸고 사탄으로부터 하늘의 정혼자를 뺏어 온다면 그 정혼자를 통해 하늘의 아들이 나올 것이다."

# 형제의 실패

아담과 하와는 여러 명의 자녀를 낳아 길렀다. 가장 먼저 태어난 아들의 이름은 가인이고 두 번째 태어난 아들의 이름은 아벨이라고 하였다. 가인은 농사를 지으면서 살았고 아벨은 양을 길렀다.

어느 날 신이 가브리엘을 불렀다.

"가브리엘, 저 두 형제에게 가서 각자 자기들이 길렀던 산물을 제물로 바치게 하라."

"네, 알겠나이다."

가인은 자신이 길렀던 곡식 중 좋은 것들로만 모아서 제단 위에 쌓았고, 아벨은 자신이 기른 양 중에 아주 좋은 놈으로 잡아서 제단에 올렸다. 둘이 각자 쌓은 제단 나무에 불을 붙이니 아벨의 제단은 활활 잘 타올랐으나 가인의 제단은 불이 올라오려고 하면 회오리바람이 지나가면서 제단을 흩어 버렸다. 여러 번 가인이 수고를 했지만 계속해서 회오리바람이 제물을 흩어 놓았다.

제물을 다 태우고 끝낸 아벨은 집으로 가 버렸다. 가인은 눈물을 흘리면서 다시금 제물들을 한데 모아 놓고 불을 붙이려고 했다. 그런데 이제는 하늘에서 먹구름이 몰려오더니 비가 오기 시작했다. 가인은 더 이상 아무것도 할 수 없음에 땅을 치며 눈물을 흘렸다. 비는 점점 더 강하게 내렸고 그는 온몸이 젖어 가고 있었다.

"하나님, 어찌하여 가인의 제물을 받으시지 않으셨나이까?"

가브리엘이 신에게 물었다.

"나는 가인의 제물을 받을 수 없다. 그것은 내가 가인을 덜 사랑해서가 아니다.

가인은 첫 번째 남자의 열매요, 아벨은 두 번째 남자의 열매다. 가인이 천 번 만 번 제물을 바친다고 해도 나는 그것을 받을 수 없다."

"그렇군요. 그런 뜻이...."

"잘 들어라. 가인이 하늘에 제물을 바치는 길은 아벨을 통해서만이다. 따라서 형이 동생을 섬겨야 한다. 이는 먼저 남자인 루시엘이 나중 남자인 아담을 섬기지 않아서 생긴 모든 죄를 회복하기 위함이다."

비에 흠뻑 젖은 가인은 집에 돌아와서는 생각을 했다.

'내가 무슨 잘못을 했길래 하나님이 나를 이토록 미워한다는 말인가? 어려서는 아버지가 동생을 더 사랑하고 나를 미워하더니 이제는 하나님도 나를 미워

하고 저놈을 더 사랑하는가? 아.... 나는 이제 어찌 살란 말인가....'

원통하고 분한 마음이 오르락내리락하면서 가인을 괴롭히기 시작했다. 그때 어둠 속에서 어떤 목소리가 들려왔다.

"가인아, 나는 어둠의 왕 사탄이다. 나는 너의 진짜 아버지다. 너의 본래 성품은 다 나로부터 왔으니 너도 이제 나처럼 너의 힘을 보여 줘라. 저 아벨을 봐라. 너보다 한참 어리고 보잘것없는 동생이었는데 어느새 형을 무시하고 있지 않으냐. 그는 점점 더 형을 무시하고 형의 실패를 조롱하고 비웃을 것이다. 저놈을 그냥 내버려 둘 거냐?"

다음 날 가인은 동생을 들판으로 불러냈다.

"동생아, 어제 보았듯이 하나님이 나의 제물은 받지 않으셨다. 하나님이 너를 사랑하고 나는 미워하는가 보다."

"형님, 무슨 그런 말씀을 하십니까? 하나님이 왜 형님을 미워하시겠습니까? 무슨 이유가 있었겠지요. 나중에 가브리엘 천사가 오면 한번 물어보시죠.”

그때 또다시 가인의 귀에 누군가의 목소리가 들렸다.

“봐라. 아벨은 겉으로는 너를 위로하는 척하면서 너를 조롱하고 있다. 그의 얼굴에 미소가 보이지 않느냐?”

얘기를 듣고 보니 아벨의 표정이 진짜 자신을 비웃는 듯했다.

“너는 왜 나를 보면서 그런 표정을 짓느냐?”

“네? 제가 무슨 표정을 지었다고 그러시는 거죠?”

“지금 나를 쳐다보면서 비웃었잖느냐?”

“아니, 무슨 말씀을 하는지 도통 모르겠습니다. 형님, 많이 힘드신가 본데, 이러지 마시고 집에 가셔서 좀 쉬세요. 저는 일이 있어서 이만 가 보겠습니다.”

아벨은 등을 돌려 가려고 했다. 그때 다시 가인에게 누군가가 귀에 대고 소리쳤다.

“저 아벨을 죽여라! 너의 이 수모를 갚아 줘라!”

가인이 땅에 있던 돌을 집어 들고는 아벨을 향해 달려갔다.

"너 왜 나를 무시해!"

가인의 공격에 깜짝 놀란 아벨이 주춤거리는 사이 가인은 들고 있던 돌로 아벨의 머리를 내리쳤다. 아벨은 그 자리에 쓰러졌다. 쓰러져서 고통스러워하는 아벨을 보고 가인은 이번에는 더 큰 돌을 두 손으로 들어서 내리쳤다. 사방으로 피가 튀었고 가인의 얼굴과 몸에도 동생의 피가 튀었다.

인간이 인간을 죽이다니! 최초의 살인이 벌어지고 말았다. 그것도 형이 동생을.

이 엄청난 일에 신은 분노와 슬픔으로 어찌할 바를 몰랐다.

"참으로 기가 막히고 또 기가 막히도다. 어찌하여 형이 동생을 그리 무참히 죽인단 말이냐? 저들을 통해서 모든 죄를 씻게 하고 회복시키려 하였더니 도리어 서로 미워하여 죽게까지 하였구나. 너무도 괴롭고 또 괴롭다."

옆에서 지켜보던 가브리엘도 슬픔으로 아무 말을 못 하고 있었다. 신은 그런 가브리엘을 보면서 다시금 천명을 내렸다.

"아담이 배신하여 그의 자녀들을 통해 모든 것을 회복하려 하였으나, 가인이 자기의 동생을 죽임으로 말미암아 더 이상 그 가정에서 아무것도 할 수가 없게 되었구나. 하지만 우리가 이에 낙심하지 말고 앞으로 몇 대를 더 거쳐서라도 뜻을 따르는 후손을 찾아 저들의 죄를 씻고 회복할 수 있도록 하리라."

신은 가브리엘에게 이 말을 하고는 깊은 상념에 잠긴 채 이후로 오랫동안 말이 없었다.

# 노아의 실패

아담으로부터 1,600년의 세월이 흘렀다.

"세상에 악이 창궐하여 이제는 사탄의 왕국이 되어
가는구나. 내가 인간을 지은 것이 이토록 후회스러울
수가 없다."

신이 괴로워하며 신음할 때 가브리엘이 다가와 말
했다.

"하나님, 그래도 인간 중에 노아는 의인 아닙니까? 노아가 하나님의 뜻을 위해 믿음을 세울 수 있지 않겠습니까?"

"그래, 너의 말대로 세상에서 노아만 한 의인이 없다. 그에게 제물을 바치게 하고 그것이 성공한다면 노아 가정만 살려 두고 지상의 모든 인간을 멸할 것이다."

"모든 인간을 멸하신다고요?"

"그렇다. 지금 인간 세상은 악이 창궐하여 의인을 세우더라도 언제 죽임을 당할지 모르는 일이다. 그러니 악한 인간들을 다 쓸어버리고 의인을 중심하고 새로운 세상을 만들어야 한다."

곧바로 가브리엘이 노아에게 찾아가 신의 명령을 전달했다.

"하나님께서 이 세상의 인간들이 악하여 홍수로 멸하려고 한다. 그러나 너와 너의 가족은 살리려 하니 너는 지상의 짐승들도 그 종류별로 태울 수 있는 방주를 지어라. 그 방주가 하나님에게 바칠 제물이 될 것이다."

신의 명령을 따라 노아는 엄청나게 커다란 방주를 오랜 세월 동안 짓기 시작했다.


"노아라는 인간이 방주를 짓는다고?"

사탄은 노아가 방주를 지어 제물로 바치려는 사실을 알게 되었다. 그는 어떻게든 노아의 일을 방해하려고 했다. 그래서 주변에 사는 인간들의 못된 마음 속에 들어가 자극을 시켰다. 자극을 받은 사람들이 길을 지나가면서 한마디씩 했다.

"노아라는 미친 인간이 방주를 지은 지가 벌써 몇 년째라더군."

"그러게 말이야. 그 큰 방주를 왜 짓는다는 말인가? 정신이 나가지 않고서야."

노아가 방주를 짓는다는 것을 모르는 사람이 없었다. 하지만 누구도 그걸 좋게 말하는 사람이 없었다. 다들 미친 사람이라고 손가락질하기 일쑤였다. 하지만 노아는 아랑곳하지 않고 오랜 세월 동안 방주를 만들었다.

드디어 방주가 완성되었다. 노아가 온 가족을 동원하여 세상의 짐승들을 종류별로 방주에 다 태웠다. 짐승들과 가족을 모두 태우고 문을 닫았다. 얼마 후 비가 내리기 시작했다. 비는 40일간을 내렸다. 홍수로 모든 것이 휩쓸려 가고 모든 생물이 죽어 나갔다.

홍수가 끝나고 노아의 가족들은 어딘가에 정착하게 되었다. 그들은 방주에서 나와 제단을 쌓고 그곳에 제물을 바친 후 신에게 감사의 제사를 올렸다. 이때 하늘에서 천사의 음성이 들렸다.

"하나님이 두 번 다시 홍수로 세상을 멸하지 않으리라 하셨다. 구름 속 무지개가 보이거든 그것이 하늘의 징표임을 알라."

얼마 후 구름 사이로 무지개가 보였고, 노아의 가족은 그것이 신이 다시는 홍수로 멸하지 않으리라는 약속임을 깨달았다.

이제 세상에는 노아 부부, 그의 세 아들과 세 며느리를 포함하여 8식구만이 존재하게 되었다.

신은 노아의 강건한 믿음을 보았다. 이제는 노아의 가족들이 그를 절대적으로 믿고 따른다면 뜻을 이루고 모든 것을 회복할 수 있으리라 믿었다. 특히 그의 세 아들 중 둘째 아들인 함은 아벨이 못다 한 사명을 이뤄야 할 책임이 있었기에 그를 눈여겨보고 있었다.

그러나 노아의 가족들은 노아만큼 믿음이 강하지 않았다. 사실 방주를 만들던 당시에 노아의 아내는 자기 남편이 하는 일이 못마땅했다.

"저 사람이 미쳤구먼. 이렇게 해가 쨍쨍한데 무슨 비가 와서 홍수가 난다고 저러나?"

이렇게 말하면서 매번 자식들 앞에서 아버지의 행동을 미친 사람 취급했다. 오랜 세월 그런 말을 듣고 자란 아들들은 아버지를 부끄러워했다.

가브리엘이 신에게 말했다.

"하나님, 이제는 저들이 달라졌겠지요? 저들이 홍수를 겪고 났으니 아버지에 대한 믿음이 절대적일 것이라 생각되옵니다."

"그것은 알 수 없는 일이다. 어느 때 저들에게 사탄

의 마음이 전염되어 자신을 중심하고 변심할지 모르는 것이다."

　신은 실로 심각했다. 지상의 모든 인간을 쓸어 없애면서까지 노아 가정을 통해 뜻을 세우려고 하는데, 문제는 노아의 믿음보다 그의 가족이었다. 노아를 통해 신비로움을 경험하고 자신들의 생명을 구한 것은 사실이나 그들이 원래 갖고 있던 아버지에 대한 불신은 언제고 살아날 수 있기 때문이었다.


　불행스럽게도 신이 우려하던 그 일은 일어나고 말았다.

　어느 날 노아가 포도주를 잔뜩 마시고 장막 안에서 벌거벗은 채 누워 있었다. 마침 장막 안으로 들어오던 둘째 아들 함이 이를 보았다.

　'아버지도 참 나. 실성을 하셨나. 저렇게 옷을 다 벗고 누워서…. 볼썽사납다. 뭐라도 덮어서 가려야겠다.'

　함은 밖으로 나가더니 다른 형제에게 말했다.

　"아버지가 장막 안에서 벌거벗은 채 누워 계시니,

형제들이여. 옷가지를 가져다가 덮어 드리자."

이에 그의 형과 동생이 옷을 가져다가 뒷걸음으로 들어가서 아버지의 하체를 덮고는 나왔다.

노아가 술이 깨어 일어나 보니 하체가 가려져 있어 크게 소리쳤다.

"누가 나의 하체를 옷으로 덮었느냐?"

큰아들이 달려와 말했다.

"아버지, 함이 아버지께서 나체로 누워 계시니 옷을 덮으라 하여 저희가 덮어 드렸습니다."

이에 화가 난 노아가 함을 향해 꾸짖었다.

"네가 어찌하여 아버지를 부끄러워하였더냐? 네가 나를 부끄러워하는 것이 하나님을 부끄러워하는 죄와 같다는 것을 정녕 몰랐단 말이냐?"

그러고는 함에게 저주의 말을 내렸다.

"이제 너는 네 형제들의 종의 종이 될 것이다."


신은 함의 실수로 인해 뜻이 어그러짐에 크나큰 실망감을 감추지 못했다. 또다시 이 세상에서 의인을 찾으려면 얼마나 많은 시간이 흘러야 할지 모르는 일이었다. 하지만 신은 결코 포기하지 않고 이 모든 것을 원래대로 돌려놓으리라 다짐하였다.

# 아브라함과 두 여인

노아 이후 여러 대를 거쳐 드디어 의인 하나를 찾았다. 그의 이름은 아브라함이었다. 그는 당대에 가장 믿음이 강한 의인이었다.

어느 날 아브라함에게 천사가 찾아왔다.

"하나님이 너로 하여금 송아지와 염소와 비둘기 제

물을 바치라 하였다.”

아브라함은 그 말을 절대적으로 믿고 송아지와 염소와 비둘기를 제단에 올렸다. 아브라함은 이 모든 제물을 제단 위에 올려놓고 몸통 가운데를 쪼갰다. 그런데 비둘기를 쪼개려다 문득 잘못된 생각을 하고 말았다.

‘비둘기는 너무 작아서 쪼개지 않아도 되지 않을까?’

그가 작은 비둘기를 쪼개지 않은 것이 빌미가 되어, 사탄이 솔개의 몸을 쓰고 날아왔다. 그러더니 제물 위에 앉아 버렸다. 사탄은 크게 웃으며 소리쳤다.

“봐라. 인간은 얼마나 어리석냐? 작은 거 하나를 방심하여 이 모든 제물이 다 내 것이 되었구나. 하하하.”

아브라함이 이 장면을 보고는 급히 달려와 지팡이로 솔개를 쫓아 버렸다. 하지만 이미 모든 것은 끝났다.

신은 이 일로 인해 분노하였다.

“가브리엘, 아브라함에게 전해라. 네 자손이 나그

네가 되어 낯선 땅에서 떠돌며 4백 년간 종살이를 하게 될 것이라고 말이다."

훗날 이스라엘 백성은 이집트에서 4백 년간을 노예로 살게 되었다.


"하나님, 아브라함이 비둘기를 쪼개지 않은 것이 죄가 된 것을 알고 처음엔 망연자실하더니 나중엔 후손들에게 볼 낯이 없다며 하염없이 울더이다."

가브리엘이 보고를 올리자 신은 눈을 지그시 감고는 나지막한 목소리로 말을 했다.

"나도 아브라함의 실수를 용서하고 싶다. 하지만 나는 그를 용서할 수 없다. 만일 용서한다면 사탄은 그것을 빌미 삼아 인간들을 더 큰 것으로 괴롭힐 것이다. 내가 그들에게 가혹하게 벌을 내리는 것은 그들을 미워해서가 아니고 그들을 사랑하기 때문이다."

신이 침통한 표정으로 돌아서자 가브리엘은 머리를 숙이고 아무 말을 못 했다.


아브라함의 아내 사라는 늙도록 아이가 없었다. 할

수 없이 그는 자신의 여종 하갈을 남편에게 첩으로 들여보냈다. 하갈은 아이가 생기고 나서는 자신이 마치 안주인인 양 거만하게 굴었다.

"이제 제가 아이를 가져 몸이 무거우니 이런저런 일들은 저를 시키지 마시고 다른 여종들을 시키셔요."

이런 말을 들은 사라는 속이 부글부글 끓어오른 나머지 남편에게 따졌다.

"당신이 평소 어떻게 했길래 저 애가 나를 이다지 업신여긴단 말이오? 애를 가졌다고 저리 생색이니 나중에 아이가 나오면 나를 얼마나 괄시하겠소. 내가 그렇게 살아야 하겠소?"

아브라함은 사라가 난리를 치니 아무 말도 못 하고 있다가 한마디를 했다.

"당신이 데려왔으니 당신이 알아서 하시오. 나는 아무 관여를 하지 않을 테요."

이에 사라가 하갈을 이 잡듯이 잡았고 하갈이 견디다 못해 아브라함에게 하소연하였다. 아브라함이 이를 듣고 하갈에게 이르기를 "내가 멀리 거처를 알아

볼 테니, 거기 가서 좀 피해 있거라."라고 하며 두 사람의 갈등에 안절부절못하고 힘들어했다.

사라는 늙어서 애를 낳을 수 없는 몸이었지만 훗날 신의 은혜로 임신하여 아들을 낳았다. 그 아들의 이름은 이삭이었다. 늙어서 낳은 자식이라 이삭을 금지옥엽으로 애지중지 길렀다. 그런데 아들을 낳은 기쁨도 잠시, 아들이 커 갈수록 첩의 아들이 눈엣가시처럼 느껴졌고 첩과 그 자식이 너무 미웠다.

"여보, 저 하갈과 그의 아들을 내 눈에서 두 번 다시 안 보이게 쫓아내요!"

할 수 없이 아브라함은 하갈 모자를 광야로 내쫓고 말았다.

"하나님, 제물도 사탄에게 줘 버리고, 두 아내도 서로 싸워서 갈라지고…. 아브라함의 가정을 통해서 이루려던 것들이 이제 다 허사가 되었습니다."

눈물을 보이며 가브리엘이 신에게 보고를 올렸다.

"가브리엘, 너무 속상해하지 마라. 그가 못 이룬 과

업을 그의 후손이 대신하게 할 것이다. 그렇게 하려면 그가 마지막 과업을 이루어야 한다."

"하나님, 그 마지막 과업이 무엇입니까?"

"그것은 아브라함이 그의 아들을 제물로 바치는 것이다."

"네?"

가브리엘은 눈이 휘둥그레지면서 아무 말을 못 했다.

"너는 내일 아브라함에게 가서 그의 아들 이삭을 불에 태워 번제로 올리라 하라."


"가브리엘 천사여, 그것이 무슨 말씀입니까? 아들을 제물로 바치라고요?"

가브리엘이 신의 뜻을 전달하자 아브라함은 놀라서 당장 숨이 넘어갈 것 같았다.

"아브라함, 지난번 제물에 비둘기를 쪼개지 않은 실수로 인하여 너의 자손이 4백 년간 다른 나라에서 종살이를 한다 하지 않더냐? 이번에도 실패한다면 그보다 더 큰 벌이 내려질 것이다. 그러니 필히 너의 아들을 제물로 바쳐서 하나님의 뜻을 바로 세워야 하느니라."

아브라함은 두 눈이 벌게지고 아무 말을 할 수 없었다. 다 늙어서 낳은 귀하디귀한 자식을 제물로 바치라니 이 무슨 일인가? 아브라함은 그 자리에 엎드려 대성통곡을 하며 일어나지 못했다.

"이삭아, 번제를 드리러 아침 일찍 일어나 모리아로 갈 터이니 그리 알아라."

아브라함이 아들에게 이렇게 일러두고 돌아서면서 눈물을 삼켰다. 그는 내일이면 아들을 제물로 바쳐야 한다는 생각에 뜬눈으로 밤을 새웠다. 아무리 신의 뜻이라지만 늙은 나이에 얻은 자식을 바치라니 너무도 원통하고 괴로웠다. 하지만 아브라함은 신의 뜻을 거역할 수는 없었다. 그는 신의 말씀은 절대적으로 따라야 한다고 입으로 되뇌며 마음을 잡고 또 잡았다.

다음 날 모리아에 도착하여 아들의 등에 번제에 쓰

일 나무를 지게 하고 길을 걸었다.

"아버지, 번제에 쓸 나무와 불은 있는데 어찌하여 어린 양은 없습니까?"

아들의 물음에 눈물이 왈칵 나오는 것을 꾹 참고 아브라함은 대답했다.

"가 보면 하나님이 다 준비해 놓으셨을 것이다."

이삭은 아버지가 무언가 이상하다고 생각했지만 그냥 아무 말 없이 뒤를 따랐다.

어느덧 제단에 나무를 쌓고 준비를 다 마쳤다. 그런데도 양은 보이지 않았다.

"아들아, 미안하다. 내가 너를 양 대신 하나님에게 바쳐야 한다. 이런 나를 이해해 줄 수 있겠니?"

아들은 이미 알고 있었다는 듯, 아버지가 자신을 결박할 때 눈을 감고 가만히 있었다.

아브라함은 눈에서 흘러나오는 눈물을 감추지 못한 채, 칼을 들고 아들에게 다가왔다.

"미안하다.... 부디 나를 용서해다오...."

그가 칼을 든 손을 번쩍 들어 아들의 심장을 찌르려는 찰나,

"아브라함아! 아브라함아!"

하늘에서 거대한 음성이 울렸고, 아브라함은 들었던 손을 내렸다.

"그 아이에게 손을 대지 말라. 이제야 네가 하나님을 경외하는 줄 알았노라."

"하나님, 아브라함이 마지막 과업을 성취했나이다!"

가브리엘이 신에게 달려와 기쁜 소식을 전했다.

"그래, 기쁜 일이로다. 마지막 과업은 자기 자신과도 같은 자식을 죽임으로써 자신 또한 죽는 시험이었다. 이제 아버지와 아들은 다시 태어난 것이며, 이는 곧 아버지와 아들이 한 몸이 된 것과 같은 것이다. 따라서 이삭의 행함은 곧 아브라함의 행함이요, 이후로 이삭을 통해 이루는 모든 것이 아브라함이 이룬 것이 되리라."

아브라함이 아들 이삭 번제 과업에 성공하였지만 그것은 단지 이삭으로 모든 것이 상속되었을 뿐이기에 신은 또다시 이삭을 통하여 뜻을 이루기 위한 시작을 선포했다.

"잘 들어라. 이제 이삭의 가정에서 두 여자가 한 남자를 상대하여야 할 것이며, 먼저 나온 자가 나중 나온 자를 섬겨야 할 것이다."

# 야곱의 성공과 두 여인

    이삭은 리브가라는 여인을 아내로 맞았다. 리브가에게는 늦도록 아기가 없어서 정성을 들였다.

    얼마 후 리브가가 임신을 하였는데 쌍둥이였다. 그런데 배 속에서 두 아들이 싸우며 엎치락뒤치락하니 산모가 힘들어했다. 이에 신이 가브리엘에게 말하였다.

"두 민족이 복중에서부터 나누어지리라. 한쪽이 더 강하고 한쪽은 약할 것이다. 또한 형이 동생을 섬길 것이다."

이삭은 아들 쌍둥이를 낳았다. 형의 이름은 에서였고, 동생의 이름은 야곱이었다.

형 에서는 우락부락한 성격을 갖고 태어나 들로 산으로 쏘다녔고, 동생 야곱은 조용하고 얌전하여 어머니 리브가와 함께 집안일을 돕곤 하였다.

어느 날 야곱이 팥죽을 끓이고 있는데 에서가 집안으로 들어왔다.

"야곱아, 사냥을 하고 왔더니 배가 심히 고프구나. 네가 지금 끓이고 있는 그 팥죽을 좀 다오."

야곱은 배가 고파서 괴로워하는 형을 향해 말했다.

"형님, 내가 팥죽을 줄 터이니 장자의 권리를 내게 파시오."

"장자의 권리? 네가 팥죽 한 그릇으로 형이 되고 싶다는 말이냐?"

"싫음 마슈. 나는 아쉬울 것 없소."

팥죽을 들고 가 버리려는 야곱을 에서가 붙잡았다.

"알았다. 판다, 팔아. 그깟 장자의 권리가 무슨 대수냐. 배고프니 그거나 빨리 줘라."

"그러면 맹세를 하시오. 장자의 권리를 나에게 판다고 말이오."

에서는 야곱에게 장자의 권리를 판다고 맹세를 하고는 빵과 팥죽을 정신없이 먹어 치웠다.


이삭은 나이가 들어 죽을 때가 가까워짐을 알게 되었다. 그래서 어느 날 장남 에서를 불렀다.

"에서야, 이제 이 아비가 얼마 살지 못할 것 같다. 죽기 전에 너에게 모든 것을 상속하는 축복을 하고 싶다. 그전에 네가 사냥해서 잡아 온 음식을 맛보고 싶구나."

에서는 아버지의 말을 듣자마자 사냥을 하러 들로 뛰어갔다.

이를 밖에서 모두 엿들은 어머니는 야곱을 불렀다. 그는 맛있는 음식을 만들어서 야곱에게 주면서 아버지의 방으로 들여보냈다. 아버지는 나이가 들어 눈이 보이지 않아서 야곱이 누구인지 알아보지 못했다. 야곱은 자신을 에서라 속이며 아버지에게 다가갔다.

"아버지, 저 에서입니다. 이 음식을 잡수시고, 저에게 마음껏 축복하여 주십시오."

아버지는 음식을 맛보고 나서 야곱에게 축복의 말을 해 주었다.

"여러 민족이 너를 섬기고, 백성들이 너에게 무릎을 꿇을 것이다. 친척과 자손이 너에게 무릎을 꿇고 복을 빌어 주리라."

에서에게 줘야 할 모든 축복을 동생 야곱이 받았다. 그 모든 일이 끝나고 한참이 지난 후에야 에서가 돌아왔다. 그는 사냥한 고기를 요리해서 아버지에게 바쳤다.

"아버지, 저에게 축복하여 주십시오."

에서의 말에 이삭은 깜짝 놀라며 야곱이 형의 축복까지 모두 가져갔음을 깨달았다.

"너의 동생이 모든 축복을 받아 갔다. 너에게 줄 축복이 없구나."

"아니, 그게 무슨 말씀이십니까? 저에게 줄 복이 하나도 없다는 말입니까?"

"미안하다. 야곱의 형제와 친척이 모두 다 그에게 무릎 꿇고 섬기라 하였으니 너 또한 그리하여야 하리라."

에서는 모든 축복을 동생이 뺏어 갔음에 땅을 치며 크게 분노하였다.

"이놈이 전에는 내게서 장자의 권리를 뺏어 가더니, 이번에는 아버지가 주실 복을 가로채 갔구나. 내 이놈을 언제고 죽이고 말 것이다."

리브가는 형 에서가 동생 야곱을 죽이려 한다는 것을 알고는 야곱에게 말했다.

"야곱아, 너의 외삼촌 라반에게 가 있다가 에서의 마음이 풀리면 그때 돌아오너라."

"네, 어머니. 내일 아침에 바로 떠나겠나이다."

야곱은 며칠 길을 떠난 후 드디어 라반의 집에 도착했다. 라반은 처음으로 보는 조카를 반갑게 맞이하였다.

라반에게는 두 딸이 있었다. 장녀의 이름은 레아, 차녀의 이름은 라헬이었다. 야곱은 라헬을 사랑했다. 그래서 라헬을 아내로 맞기를 라반에게 청했다.

"7년간 성심껏 일할 테니 라헬을 저의 아내로 주시기 바랍니다."

라반은 흔쾌히 허락했고, 야곱은 7년을 하루같이 일했다.

드디어 혼례를 치르고 첫날밤을 맞이하게 되었다. 깜깜한 밤중이라 서로를 알아볼 수 없었지만 야곱은 사랑하는 라헬이라 생각하고 동침을 하였다.

그런데 아침에 일어나 보니 라헬이 아니고 언니 레아가 누워 있었다.

"삼촌, 이게 무슨 일입니까? 분명 라헬을 저의 처로 주신다고 하지 않으셨습니까?"

"우리 고장 풍습에 동생이 먼저 혼례를 치르는 경우는 없다. 만일 라헬을 갖기 원한다면 7년을 더 일하라."

야곱은 원통했지만 또다시 7년을 하루같이 일해서 결국 라헬과 혼례를 치르게 되었다.

야곱이 타지에서 20여 년을 보내고 고향으로 돌아가려고 했다. 그동안 불어난 가축과 종들을 이끌고는 당당하게 가던 야곱이었지만 형 에서가 마음에 걸렸다.

'형이 아직도 마음이 풀리지 않아서 나를 해치려 한다면 어떻게 하나?'

아니나 다를까. 에서는 아직도 복수심에 불타서 야곱이 온다는 소리에 수백 장정을 모아서 야곱을 치려고 하고 있었다. 이에 야곱은 자신이 그동안 모은 재산인 가축과 종들을 앞세워 형에게 선물로 보내 마음을 풀게 했다. 또한 에서를 만나기 전에 가까이 가면서 일곱 번 절을 하였다. 멀리서 절을 하면서 오는 야곱을 보자 에서는 순간 동생의 갸륵한 마음에 눈물이 나왔다.

"야곱아!"

결국 에서가 야곱의 이름을 부르며 달려 나와 동생을 끌어안았다. 형제는 부둥켜안고 눈물의 상봉을 하게 되었다. 두 형제의 수십 년 앙금은 하루아침에 눈 녹듯이 녹았고 둘은 우애롭게 살게 되었다.

야곱은 오랜 세월 끝에 드디어 형을 굴복시켰다. 그로 인해 형이 동생을 섬기는 과업을 성공시켰다. 이 일로 야곱은 또 다른 이름을 갖게 되었는데, 바로 '이스라엘'이라는 이름이었다. 그 의미는 '승리자'라는 뜻이었다.

　가브리엘은 이 기쁜 소식을 전달하며 기쁨의 눈물을 흘렸다.

　"하나님, 드디어 야곱이 그의 형을 굴복시켜 형이 동생을 섬기는 과업을 이루었습니다. 참으로 야곱이 이스라엘이라는 칭함을 받을 만하지 않습니까?"

　"그렇다. 야곱이야말로 정말 뜻을 이룬 승리자다. 이제 야곱의 성공이 곧 아브라함, 이삭, 야곱의 성공임을 만천하에 공표하노라."


　야곱의 지혜로 두 형제는 서로 화해했지만 야곱의 아내 레아와 라헬은 그렇지 않았다. 그들은 서로를 질투하고 시기하였다. 그들은 야곱의 사랑을 독차지하고자 아이를 경쟁적으로 낳았다. 자신들이 낳기 힘들 때는 몸종을 야곱에게 보내서 아이를 갖게까지 했

다. 그들은 많은 자식을 낳아야만 야곱에게 사랑받는
다고 믿었다. 결국 이들은 경쟁하여 12명의 아들과
딸 1명의 대가족을 이루었다. 엄마들의 싸움은 형제
들 간에도 서로 대립하게 만들었으며 훗날 이스라엘
의 후손은 12지파로 나뉘게 되었다.

　"하나님, 레아와 라헬이 서로 싸웠으니 저들의 뜻
이 남게 되는 것인가요?"
　"그렇다, 한 남자를 두고 두 여자가 협조했어야 했
는데, 두 여자가 한 남자를 상대하고 서로 싸웠으니
그 뜻이 남게 되었다. 훗날 다시 또 한 남자를 두고
두 여자가 상대해야 할 것이다."

# 다말과 혈통

야곱의 12명의 아들 중 하나인 유다에게는 3명의 아들이 있었다.

그의 장남이 다말이라는 여인과 결혼하였으나 후사를 못 잇고 일찍 죽었다. 이스라엘 전통은 형이 죽어서 후사가 없으면 그 아내를 동생이 취하여 형의 후사를 잇게 하는 것이었다. 그러나 둘째는 형의 후사를 잇기를 원치 않아, 동침한 후 정액을 바닥에 흘려 버렸다. 이런 둘째의 간악함에 하늘이 진노하여 그를 죽게 하였다. 이에 유다는 막내아들마저 잃게 될까 두려웠다.

"다말아, 둘째마저 죽고, 이제 막내가 형의 후사를 잇게 하여야 할 터인데, 너무 어리니 저 아이가 크거든 그때 혼인할 수 있도록 하겠다. 그러니 그때까지 너는 친정에 가서 머물고 있거라."

다말은 유다의 말에 따라 친정으로 갔다.


몇 년의 세월이 흘러 막내아들이 성인이 되었다. 하지만 유다는 다말을 부르지 않았다. 다말의 어머니는 그런 시아버지의 행태가 괘씸하여 딸에게 말했다.

"다말아, 너의 시아버지는 더 이상 너를 부르지 않을 것 같다. 기다리지 말고 다른 집안을 알아봐서 재혼을 해야 하지 않겠느냐?"

"어머니, 조금만 기다려 봐요. 연락이 올 것입니다."

하지만 세월이 더 흐른 후에도 아무 소식이 없자,

그는 유다가 더 이상 막내아들을 자신에게 주지 않을 것임을 깨달았다.

어느 날 밤 그에게 천사가 나타났다.

"다말아, 잘 듣거라. 하나님은 야곱의 아들인 유다의 혈통을 통해 세상을 구원할 아들을 보내시려고 하니 너는 그의 후손을 잇는 책임을 완수하여야 한다."

"하오나 저는 과부가 되었고, 유다의 막내아들은 기약도 없으니 어찌 잉태를 하겠나이까?"

"너의 모든 사정을 하나님은 알고 계시다. 그러니 너는 하나님을 믿고 혈통을 잇기 위해 모든 것을 걸고 나가야 하느니라."

다음 날 다말의 어머니가 다가와 말했다.

"너의 시아버지 유다가 양 떼 털을 깎으러 딤나로 갔다더구나. 지나가는 길에 우리에게 한번 들러 막내아들 소식을 전해 주면 좋으련만...."

어머니의 눈물에 다말은 아무 말도 못 하고 밖으로 나와서 하늘을 쳐다보았다. 그는 무언가를 결심한

듯, 입술을 꽉 물고는 집 안으로 들어갔다.

다말은 옷가지를 싼 보따리를 가지고 빠른 걸음으로 에나임까지 달렸다. 그곳에 도착한 후, 사람들이 없는 구석에 들어가서는 옷을 갈아입기 시작했다. 그는 그동안 과부들이 입는 옷을 입고 있었는데, 어디서 가져왔는지 창녀들이나 입는 야한 옷으로 갈아입는 것이었다. 얼굴에도 진하게 분을 발랐다. 온몸에는 남자를 유혹할 때 사용하는 향수를 발랐는지 향기가 진동했다. 옷을 다 갈아입은 후, 길가의 평평한 바위 위에 자리를 잡고 앉았다.

시간이 얼마나 흘렀을까. 저 멀리서 양 떼를 몰고 가는 유다 일행이 보였다.

유다는 웬 여인이 길가에 앉아 있는 것을 먼발치에서 보았다.

'이곳에서는 못 보던 여인 같은데....'

유다는 잠시 생각을 하더니 일행을 멈추었다.

"여기서 잠깐 쉬도록 하자."

유다의 말에 다른 사람들이 자리를 깔고 누웠다. 그

는 지팡이를 짚으면서 천천히 여인에게 다가왔다. 그는 아내가 세상을 떠나고 혼자 살던 중이라 길가의 여인들과 종종 관계를 맺곤 했다. 그는 이번에도 길가의 여인이겠거니 생각하고는 슬슬 다가갔던 것이다.

여인은 천으로 얼굴을 가리고 있어서 누군지 알아볼 수가 없었다.

유다가 말을 걸었다.

"여인이여, 지금 당장 잠자리가 가능하느냐?"

"제가 허락하면 그 값으로 무엇을 주실 건가요?"

"내 가축 떼 중 새끼 염소 한 마리를 보내 주겠다."

"그것을 보내실 때까지 어떤 담보물을 주시겠습니까?"

"내가 너에게 어떤 담보물을 주랴?"

"가지고 계신 도장과 허리끈과 지팡이를 주십시오."

"그래, 알겠다."

둘은 나무 그늘 속으로 들어가서 자리를 깔고 관계를 맺었다.

집에 돌아온 유다는 새끼 염소 한 마리를 골라서는 같이 사는 친구에게 주면서 말했다.

"에나임으로 가는 길가에 여인이 있을 테니 이걸 가져다주게."

친구가 그곳에 갔지만 여인을 찾지 못하고 돌아왔다.

"친구여, 그곳에는 아무도 없었네. 그리고 주변에 물어보니 그곳에는 본래 창녀가 없다고 하더군."

"음.... 그래? 할 수 없지. 그냥 조용히 넘어가세."


석 달이 지난 후, 유다는 다말이 임신했다는 소식을 들었다.

"뭐라고? 다말이 임신을 했다고? 혼자 살던 과부가 어떤 놈과 눈이 맞아서 음행을 했다는 말인가? 당장 그년을 끌어내서 화형을 시켜라!"

사람들이 다말을 끌고 나와서는 유다 앞에 무릎을 꿇려 앉혔다.

"네가 어찌하여 이런 일을 행하였더냐!"

"아버님, 이것을 보시어요. 이 물건의 주인이 이 배

속 아이의 아버지입니다."

다말이 내놓은 물건은 유다가 전에 길가의 여인에게 주었던 도장과 허리끈과 지팡이였다. 유다는 그 물건들을 보고 너무 놀라서 쓰러질 것 같았다. 그는 놀람과 함께 부끄러움이 몰아쳤다.

"네가 나보다 옳다. 참으로 나 자신이 부끄럽구나. 내가 너를 막내와 혼인시켰어야 했는데...."

유다는 뒤돌아서서 힘없이 집으로 돌아갔다.

다말은 쌍둥이를 낳았고 이는 유다의 후손으로 인정받았다. 훗날 장남은 다윗의 조상으로 족보에 기록되었다. 또한 다말은 혈통을 지키기 위해 자신의 목숨까지 걸었던 훌륭한 여인으로 후대에 기억되었다.

신은 다말의 용기를 크게 칭찬하였다.

"다말이야말로 참으로 훌륭한 여인이다. 만일 아브라함이 실패하지 않았다면 다말과 같이 담대한 여인에게서 하늘의 아들이 나왔을 것이다. 하지만 아브라함이 실패한 것이 죄가 되어 후손이 4백 년간 종살이를 해야 할 업보가 남아서 지금 당장은 하늘의 아들이 나올 수 없다. 하지만 언제고 야곱의 후손을 통해 하늘의 아들이 나오게 될 것이다."

"하나님, 그렇다면 저들이 종살이를 다 한 이후에 다말과 같은 여인을 찾아야 합니까?"

"애석하게도 종살이를 끝냈다고 해서 바로 되는 것이 아니다. 왜냐하면 아브라함이 실패하여 시간을 지체하는 사이에 이미 사탄은 세상을 장악하여 왕국을 세웠기 때문이다. 따라서 아브라함의 후손이 사탄과 맞서려면 종살이를 끝내고 하늘이 바라는 땅에 정착하여 먼저 왕국을 세워야 한다."

"그렇군요. 먼저 야곱의 후손들이 왕국을 세워야만 하는군요."

"그렇다. 그 이후에 다말과 같이 자신의 생명을 걸고 하늘의 아들을 낳을 여인을 찾아야만 하는 것이다. 정혼한 하늘의 딸을 뺏어 갔듯이 사탄 세상에서 정혼한 여인을 뺏어 와야만 한다. 그 여인을 통해 하늘의 순수한 혈통을 낳게 될 것이다. 그 아이가 진짜 나의 아들이 되는 것이다."

가브리엘은 신의 원대한 계획을 들으며 한편으로 안타까웠다.

"하나님, 그 모든 것을 이루기 위해 오래 참으시고 견디셔야 함에 얼마나 고통스러우시겠습니까?"

"어쩔 수 있겠느냐? 내가 창조한 세상이고 인간이니 내가 책임져야 하지 않겠느냐?"

신은 그 말을 뒤로하고 돌아서서 오랫동안 침묵하며 때를 기다렸다.

CHAPTER

2

# 마리아의 탄생

아브라함의 때로부터 2,000년의 시간이 흘렀다. 그동안 수많은 일이 있었다. 이스라엘 민족은 이집트에서 4백 년간 종살이를 했고, 모세라는 지도자를 통해 탈출했으며 여러 곡절 끝에 하늘이 준비한 가나안 땅에 정착했다. 그곳에서 드디어 왕국을 세웠다. 하지만 그 이후에도 인간들의 불신으로 많은 우여곡절이 있었다. 이 모든 것을 견디어 낸 신은 때가 왔음을 선포하였다.

"그동안 기다리고 견디어 왔다. 하지만 이제 때가 가까워졌다. 이제 우리가 소망하는 그 마지막 때가 가까웠으니 너희는 마음의 준비를 단단히 하거라."

이스라엘의 12지파 중 하나인 유다 지파의 후손 중에 요아킴이라는 자가 있었다. 대부분의 이스라엘인이 그렇듯 전통에 따라 요아킴도 아주 어린 나이에 정혼을 했다. 그가 12살이 되던 해에 그의 아버지는 안나라는 처녀의 집에 아들을 데리고 가서 그와 정혼을 맺게 했다. 이스라엘의 예법에 따라 정혼을 맺고 1년간 요아킴과 안나는 서로를 보지 못한 채 정식으로 혼례를 올릴 날만을 기다렸다. 1년의 세월이 흐른 후, 둘의 결혼식은 아주 아름답게 치러졌고, 아버지가 마련해 준 집에서 부부는 새로운 삶을 시작했다.

어느덧, 20여 년의 세월이 흘렀다. 요아킴은 그동안 많은 재물을 모아 남부럽지 않은 부자가 되었다.

"부인, 이스라엘 백성 중에 나만큼 하늘에 봉헌을 많이 하는 사람이 어디 있겠소? 우리가 이렇게 부를 누리는 것은 모두 하나님이 우리에게 재물 복을 주신 덕분 아니겠소?"

"재물이 다 무슨 소용입니까. 나는 재물보다는 아이를 갖고 싶어요."

오랫동안 아이가 없었던 안나는 아이가 없음을 한탄하며 자신의 삶을 비통해했다.

"안나, 내가 이번 유월절에 예루살렘 성전에 가서 제물을 봉헌할 때 하나님에게 간절히 빌어 보겠소. 또한 하나님이 우리에게 아이를 주신다면 다음번 제사에는 10배로 제물을 드릴 것을 맹세하고 오리다."

유월절이 가까워지자 요아킴은 종들을 이끌고 예루살렘으로 올라갔다.

예루살렘 성에는 각 지파의 대표가 처소에 모여서 다음 날 행사를 위한 의논을 하고 있었다. 유다 지파도 10여 명의 대표가 모여서 이런저런 의논을 하고 있었다.

"요아킴은 우리 중 가장 연장자이며, 그동안 우리보다 더 많은 제물을 올렸으니 이번 제사에는 제일 먼저 올리도록 하고 다른 이들은 제비뽑기를 합시다."

대표 중 한 명이 이렇게 얘기하자 이를 못마땅하게 생각한 로이벤이라는 자가 일어나 말하였다.

"요아킴이 제일 먼저 제물을 올리는 것은 합당치 않습니다. 예로부터 지금까지 이스라엘 12지파의 대표 중 자식이 없는 자가 있었습니까? 자식이 없는 사람이 어떻게 제일 먼저 제물을 올립니까?"

듣고 있던 요아킴은 침통한 표정을 지을 뿐 아무 말을 하지 못했다. 잠시 후 다른 대표들도 로이벤의 말이 옳다고 하며 거들었다. 결국 모두가 제비뽑기로만 순번을 정하여 제물을 올리는 것으로 회의를 끝냈다.

"주인님, 이제 가셔야죠."

요아킴은 종이 다가와 말을 걸었을 때에서야 비로소 모든 행사가 끝나고 다들 떠나간 것을 깨달았다.

그는 그대로 한동안 골똘히 생각하더니 일어나서 다시 예루살렘 성안으로 들어갔다. 성안으로 들어간 그는 누군가에게 다가가더니 무언가를 묻기 시작했다. 성안에 있던 안내원이었다. 안내원은 요아킴을 어느 방으로 인도했다.

"이곳이 이스라엘의 모든 역사가 담겨 있는 방입니다."

그곳에는 양피지로 만든 두루마리 책들이 방 안 가득 놓여 있었다. 요아킴은 그 많은 기록물을 하나하나 들여다보며 읽기 시작했다.

이틀이 지난 후 요아킴은 밖에서 기다리던 종들에게 돌아왔다.

"내가 이제껏 잘못 살았다. 로이벤이 말할 때 그저 화가 나서 괴롭기만 했는데, 과연 그의 말대로 기록들을 읽어 보니 12지파의 대표 중 그 누구도 자식이 없는 이가 없더라. 심지어 아브라함은 100살에 이삭을 낳았다. 나는 이제 저 광야에 나가서 죽기를 각오하고 금식 기도를 할 것이다. 나의 이 간절한 마음을 하나님이 들을 때까지 집에 돌아가지 않을 것이다.

그러니 너희는 짐을 싸서 집으로 돌아가라."

요아킴은 예루살렘 외곽의 벌판에 나가 천막을 치고 그곳에 들어앉았다.


"주인님이 정말로 그렇게 한다더냐."

안나는 종들로부터 남편의 소식을 듣고는 믿기지 않다는 듯 물었다.

"전에는 불임으로 슬픔을 겪더니 이제는 과부 신세로 슬픔을 겪게 되는구나."

그는 괴로운 나머지 하루 종일 가슴을 치며 통곡했다.


어느덧 모두가 잠든 고요한 밤이 되었다. 안나는 잠 못 들어 마당으로 나왔다. 하늘에는 수많은 별이 빛나고 있었다.

"안나야."

어디선가 안나를 부르는 소리에 사방을 돌아봤지만 아무도 없었다.

"안나야, 너의 그 간절한 마음을 하나님도 들으셨

다.”

안나는 이 음성은 하나님이 보내신 천사의 음성이라고 확신했다.

그는 그 자리에서 무릎을 꿇었다.

“너의 그 간절한 기도를 하나님이 들으시고 너에게 응답을 하셨다. 이미 너는 잉태를 하였으니 더 이상 애통해하지 마라. 네가 이제 딸을 낳으리니 그 이름을 마리아라고 하여라.”

안나가 임신을 하고 열 달이 지난 후 드디어 이쁜 딸이 그들의 손에 들려졌다.

요아킴은 너무도 기쁜 나머지 아이를 번쩍 들어 하늘을 향해 소리쳤다.

“하나님이 우리의 간절한 소원에 응답하셨습니다. 이제부터는 제단에 제물을 10배로 올리고, 우리에게 주신 이 딸을 예루살렘 성전에 바치겠습니다.”

그들은 아이가 3살이 되었을 때 예루살렘 성전에 데리고 갔다.

"제사장과 사제들이여, 이 아이를 하나님에게 바치오니 부디 하나님의 딸이 되게 하여 주소서."

요아킴 부부는 아이를 성전에 바치고 집으로 돌아갔다. 아이는 부모가 떠나갔지만 전혀 울지 않았다. 아이의 부모는 가끔 찾아와서 많은 헌물을 제단에 바쳤고, 아이와 한참 시간을 보내다가 돌아가곤 하였다.

# 요셉과 마리아의 정혼

　성전에서는 각지에서 보내진 어린 소녀들이 사제들의 손에 의해 키워졌다. 그들은 전통적으로 내려오는 예법과 율법을 배우며 자라고 있었다. 마리아는 그들 중에서 가장 총명하고 대범한 아이였다.

　"어젯밤에 천사가 저에게 나타나 얘기를 들려주었어요."

아이가 크면서 가끔 천사가 나타나 대화하고 갔다는 말을 사제들에게 얘기하곤 했다. 사제들은 놀라며 이 아이가 장차 크게 될 아이라고 생각했다.

세월이 흘러 마리아가 14살이 되었다.

"사제들이여, 벌써 마리아가 14살이 되었소."

"그렇군요. 마리아가 벌써 혼례를 치를 나이가 되었군요."

"그런데 마리아의 부모가 둘 다 세상을 떠났으니 누가 이 일을 진행한단 말이오?"

"달리 방법이 없으니 우리가 마리아의 부모를 대신하는 수밖에 없지 않겠소?"

사제들은 마리아의 배필을 찾기 위해 노력했다. 하지만 부모가 다 세상을 떠난 처녀를 선뜻 나서서 데려가려는 집안이 없었다. 그렇게 1년의 시간이 흘렀다.

"큰일이오. 마리아가 벌써 15살인데 이러다 혼기를 놓치면 어떡하나...."

"그러게 말이오. 죽은 그의 부모가 하늘에서 원망

하지 않을까 참으로 염려되오."

사제들은 저마다 한마디씩 하며 마리아의 혼례를 걱정했다.

예루살렘 성전 주변의 오래된 담벼락이 무너져 공사를 하게 되었다. 어느 날 공사를 담당하는 감독이 한 사제를 찾아왔다.

"같이 일하는 사람 중에 베들레헴에서 온 요셉이라는 자가 있는데, 아주 성실한 사람입니다. 그런데 여기저기 공사를 하러 다니느라 혼기를 놓쳤습니다. 얼마 전 이곳의 한 처녀가 배필을 찾고 있다는 말을 들었습니다만...."

"그래요? 우리가 한번 보도록 하겠습니다."

요셉은 마리아보다 10살이나 나이가 더 많았다. 그는 어려서부터 공사판을 다니면서 일을 했기 때문에 고향에 갈 기회가 없었다. 혼기도 놓치고 부모도 돌아가셔서 이대로 총각으로 늙어 죽는 거 아닌가 하는 생각을 하곤 했다. 그래도 그가 일은 잘하여 사람들에게 신임을 받았다. 사람들이 모이면 이구동성으로, "요셉이를 장가보내야 할 터인데, 참한 여인이 있으면 소개 좀 시켜 줘 봐."라고 말하며 걱정하곤 하였다. 그러던 중 예루살렘 성전에서 조실부모한 15살 먹은 처자의 배필을 찾는다는 소리를 들은 감독관이 사제에게 요셉을 추천한 것이었다.

요셉과 마리아의 정혼은 일사천리로 이루어졌다. 그들은 포도주를 나눠 마시고 예비부부가 되었다.


정혼식 다음 날, 요셉은 갈릴리에서 시작된 공사에 참여하기 위해 떠나려고 했다.

"마리아, 나같이 나이 먹은 사람과 정혼을 해 주어서 고맙소. 나는 오늘 갈릴리에 가서 일을 해야 하오. 끝나자마자 바로 돌아와서 혼례를 치를 테니 그때까지만 기다려 주시오."

"예, 잘 다녀오세요. 기다리고 있겠습니다."


이제 마리아는 한 남자의 여자가 되어 신랑이 돌아오기만을 기다리는 여인이 되었다. 갈릴리의 공사가

다 끝나려면 1년은 족히 걸릴 것이다. 마리아는 다시금 사제들의 일을 거들며 일상의 생활로 돌아갔다.

# 사가랴와 엘리사벳

예루살렘에서 서쪽으로 걸어서 1시간가량 떨어진 마을에 사가랴라는 제사장이 살고 있었다. 그의 집안은 대대로 제사장직을 맡았던 이스라엘의 제일가는 명문가였다.

사가랴의 아내 엘리사벳은 나이가 서른 가까이 되었는데도 아직 아이가 없었다.

"이제는 나이를 너무 먹어서 더 이상 아이를 갖지 못할 것인데, 이를 어찌한단 말인가. 여자로서 할 일을 못 하고 이리 살다 가면 어찌 조상님들을 볼 것인가? 모든 것이 괴롭고 원통하기 짝이 없구나."

그는 비통한 마음을 감추지 못하고 슬퍼했다. 그때였다.

"엘리사벳."

머리 위에서 누군가가 부르는 소리가 들렸다. 뭔가 심상치 않다는 것을 느낀 엘리사벳은 그 자리에서 무릎을 꿇고 엎드렸다.

"엘리사벳, 나는 주의 종 가브리엘 천사다. 너의 애통함을 주께서 들으시고 너의 소원을 들어주시려고 하니, 너는 하늘의 소리에 귀 기울여 그 뜻을 따르라."

"예, 그리하겠나이다. 하늘이 하라는 분부를 그대로 따르겠나이다."

"이제 너는 아이를 갖게 될 것이다. 그 아이는 앞으로 오실 주의 길을 예비하는 자이다. 이것이 너의 주, 하나님의 뜻이다."

"오, 주여. 감사합니다. 감사합니다. 저를 어여삐 보시고 저에게 아이를 갖게 하신다니, 실로 감사합니다."

아이를 갖게 된다는 말에 엘리사벳은 뛸 듯이 기뻤다.

한편 남편 사가랴는 제사장의 책무를 위해 예루살렘에 가 있었다. 이스라엘에서는 전통적으로 여러 제사장 중 한 명을 제비뽑기로 선출해서 성소에 들어가게 해 왔는데 이번에 사가랴가 뽑혔다.

그는 성소에 들어가서 분향을 마치고 기도를 하려 했다. 그런데 그때 누군가가 다가왔다. 사가랴가 소스라치게 놀라며 뒤로 넘어졌다.

"사가랴여, 무서워 말라. 나는 주의 종 가브리엘 천사다."

천사라는 말에 사가랴는 바짝 엎드렸다.

"주께서 너희 부부의 간구함을 들었다. 너의 아내 엘리사벳이 아들을 낳으리니, 그 이름을 요한이라 하라."

"오, 가브리엘 천사여. 저희에게 아들을 주신다고 요?"

"너의 아들 요한은 선지자 엘리야의 심령과 능력을 받은 사람이 되어 오실 주 앞에 먼저 와서 백성들을 하늘 앞에 인도하여 주가 가시는 길을 예비하는 자가 되리라."

"하지만 저도 이렇게 늙었고 아내도 나이가 많은데 어떻게 임신을 한단 말인지 저로서는 도저히 이해가 되질 않습니다."

가브리엘은 사가랴의 의심하는 태도에 눈을 부릅 뜨고 단호하게 말했다.

"나는 하나님의 기쁜 소식을 전하는 가브리엘이다. 네가 이 일을 믿지 못하니 지금부터 너의 입을 닫게 하여 말 못 하는 벙어리가 되게 할 것이다."

천사가 홀연히 사라지고 나자 사가랴는 성소 밖으로 나왔다. 밖에서 눈이 빠져라 기다리던 사람들이 달려왔다.

"아니, 제사장님. 무슨 일이 있었소? 아무리 기다려도 안 나오시길래 무슨 일이 있나 했습니다."

사가랴는 말을 하려 했으나 입에서 말이 나오질 않았다. 결국 손짓을 해서 의사를 표현했다. 이를 보고 사람들이 이상히 여기더니 수군댔다.

"제사장이 성소에 들어갔다가 나오더니 말을 못 합니다. 분명 안에서 무언가 일이 있었던 것 같소."

"그런가 보오. 아마도 하나님이 환상을 보여 그가 그리된 것 같소. 뭔가 큰 뜻이 있는 듯하오."

저마다 한마디씩 하더니 금세 고을에 소문이 나서 사가랴 집안을 사람들이 눈여겨보게 되었다.

# 마리아의 사명

마리아가 잠이 들기 전 기도를 하고 있었다. 하나님을 향한 사랑의 마음을 담은 기도였다. 기도를 하던 중 누군가가 다가옴을 느꼈다.

"마리아."

마리아는 그가 천사임을 본능적으로 느꼈다.

"나는 하나님이 보내신 천사 가브리엘이다."

마리아는 어려서부터 천사들을 종종 만나곤 했기에, 가브리엘을 보고 두려워하지 않았다.

"가브리엘 천사여, 말씀하소서."

"너에게 하나님이 크신 사명을 주실 것이다. 너는 이 일을 기필코 이루어야 한다. 알겠느냐?"

"네, 저는 하나님의 뜻이라면 뭐든지 하겠나이다."

어두운 밤, 한 줄기 달빛이 마리아의 창에 내리고 있었다. 달빛을 등진 채 가브리엘은 심각한 표정으로 대화를 이어 갔다.

"마리아, 하나님은 지금 이때에 세상을 구원할 하늘의 아들을 이 땅에 보내려고 하신다. 그가 너희의 조상 다윗의 왕위를 이어받아 영원히 이 땅을 다스릴 것이다. 너는 하늘의 아들을 잉태할 여인이니 아이를 낳거든 그 아이의 이름을 예수라 하라."

"네? 아들을 낳는다고요? 아직 저는 혼례를 하지 않았고.... 혼례까지 아직 수개월이 남았는데...."

"아니다. 네가 잉태할 아이는 요셉의 씨가 아니다."

"네? 요셉의 씨가 아니라고요?"

"네가 잉태할 아이의 씨는 다른 사람이다."

다른 사람의 씨를 통해 하늘의 아들을 낳는다는 말에 마리아는 너무 놀라 말이 나오질 않았다.

"그러나.... 그렇더라도 저는 정혼자이고...."

"그래, 너는 지금 요셉의 정혼자이다."

"만일 그게 사실이라면.... 정혼자인 제가 율법을 어긴 것이 될 터인데.... 이 사실이 알려지면 아마도 저는 돌에 맞아 죽을 것이 아닌가요?"

"죽음이 두려우냐?"

"아닙니다. 저는 다만...."

"너의 조상 다말은 돌에 맞아 죽을 각오를 하고 혈통을 잇지 않았더냐? 네가 죽기를 각오하고 이 일을 한다면 하나님이 곁에서 너를 지켜 주실 것이다."

"가브리엘 천사여, 저는 죽음은 두렵지 않습니다. 하나님의 뜻이라면 생명을 걸고서라도 할 것이옵니다. 다만, 정혼자인 제가 다른 사람의 씨를 품게 되면 요셉은 어찌 되는 것입니까?"

"마리아, 하늘의 뜻은 너무도 오묘하여 너희 인간들이 이해하기 어렵다. 하지만 그것은 반드시 이루어야만 하는 일이다. 마리아, 지금은 이해가 되지 않을 것이다. 정혼자인 네가 어찌하여 그렇게 해야만 하는지. 요셉의 걱정은 하지 말아라. 너는 요셉의 정혼자 이전에 하늘의 딸이다. 사실은 하나님이 요셉으로부터 너를 다시 찾아오는 것이다. 그러니 너는 아무 죄가 없다. 이제 너는 그러한 깊은 뜻을 받아들이고 이 일을 목숨을 걸고 이루어야만 한다."

"네, 알겠습니다. 저는 주의 종이오니 말씀대로 이루어질 것을 믿습니다."

가브리엘은 마리아가 전적으로 의심 없이 받아들이는 것을 보며 신이 이 여인을 선택한 이유를 알 것 같았다.

"너는 내일 날이 밝는 대로 너의 사촌 언니 엘리사벳에게 가거라. 그가 너의 잉태를 도와줄 것이다."

가브리엘이 홀연히 떠난 후 마리아는 한동안 멍하니 창밖을 바라보고 있었다.

# 엘리사벳의 사명

엘리사벳이 임신하여 어느덧 6개월이 지났다.

어두운 밤, 정원을 거닐고 있을 때, 어디선가 가브리엘의 음성이 들렸다.

"엘리사벳."

"오, 가브리엘 천사여. 엘리사벳 여기 있습니다."

"엘리사벳, 너에게 하늘이 아이를 주신 것은 너로

하여금 큰 계획이 있기 때문이다. 전에 말했듯이, 너의 복중의 아이는 장차 오실 주님의 길을 예비하는 큰 인물이 될 것이다. 이제부터는 장차 오실 그 주님을 잉태할 여인을 네가 도와야 한다. 이제 그 여인이 너에게 찾아올 것이다. 너는 그를 도와 하늘의 뜻을 이룰 수 있도록 해야 한다."

"네, 그리하겠나이다. 제가 무엇을 도와야 하오리까?"

"그것은 그 연인을 만나면 알게 될 것이다."

그렇게 말을 맺고 가브리엘은 홀연히 사라졌다. 엘리사벳이 주위를 둘러보니 자신의 침소였다.

'아, 꿈이었구나.'

아직 밖은 어둠이 짙은 새벽이었다.


아침이 되니, 여종 하나가 다가와 말했다.

"주인마님, 누가 찾아왔습니다."

"그래? 귀한 손님이 오신 것 같구나. 가서 보자."

문 앞에 나가 보니 사촌 동생인 마리아였다.

"엘리사벳 언니, 그동안 잘 지내셨어요?"

"아니, 네가 어쩐 일이냐? 간밤에 귀한 분이 온다더니 너였구나."

엘리사벳은 손을 꼭 잡고 마리아를 자신의 방으로 데려갔다.

"언니께서 임신하였다는 소식 들었습니다."

"그래, 하나님의 은혜로 이렇게 아이를 갖게 되었다."

"언니, 정말 축하드려요. 그토록 바라던 임신을 하게 되어서...."

둘은 이런저런 이야기를 하며 대화를 이어 갔다.


"그런데 말이다. 마리아."

엘리사벳은 갑자기 진지한 표정을 지었다.

"내가 너에게 궁금한 게 하나 있다."

"네, 말씀하세요."

"지난밤 꿈에 천사가 나타나서 주님을 잉태할 여인이 오신다고 했다. 혹시 그 여인이 너냐?"

"...."

"왜 대답을 하지 않느냐? 그 여인이 네가 맞느냐?"

"언니, 지금부터 제가 하는 말씀을 잘 들으셔야 합니다. 너무 놀라지 마시고요."

"그래, 알겠다."

마리아는 어젯밤 가브리엘 천사가 찾아와서 말한, 세상을 구원할 주님을 잉태해야 한다는 이야기와 그 아이의 씨가 요셉의 씨가 아니라 다른 사람의 씨라는 이야기를 들려주었다.

"마리아, 네가 잉태할 아이가 요셉의 씨가 아니면 누구의 씨란 말이냐?"

"…."

"음…. 지금은 말하기 곤란한가 보구나. 그럼 나중에 얘기하자."

엘리사벳은 마리아의 손을 잡고 어딘가로 데려갔다.

"마리아, 일단 이 방을 너의 침실로 사용하여라. 나는 우리 집 주인과 대화를 해 봐야 할 것 같다."

하지만 엘리사벳은 아무와도 만나지 않고 자신의 침실로 돌아왔다.

엘리사벳의 머릿속은 복잡했다. 남편에게 이 일을 이야기하려고 해도 당장 어떻게 말을 해야 할지 몰랐다. 더군다나 남편은 지금 벙어리가 되어서 아무 말도 할 수 없으니 말이다. 그는 주님에게 기도를 드리는 수밖에 없다고 느꼈다.

'마리아의 사명을 지키게 하기 위해서 내가 어떻게 해야 하는 것인지, 주께서 밝혀 주시길 소망하나이다.'

그가 깊은 기도를 드리는 중에 무언가 환영이 보이기 시작했다. 처음엔 희미하게 한 남자가 보였다. 점점 영상은 뚜렷이 보이면서 그 남자 곁에 두 여자가 보였다. 두 여자가 남자를 놓고 갈등하고 있었다. 그런데 갑자기 나이 많은 여자가 젊은 여자를 몸으로 밀치기 시작했다. 젊은 여자는 늙은 여자의 기에 눌려 자기 아이의 손을 잡고 도망갔다.

그리고 또다시 다른 남자가 나타났다. 이번에도 두 여자가 나타났고, 이 두 여자는 이 남자를 놓고는 서로 시기하고 질투했다. 그들은 서로에게 온갖 비난을 퍼부었다. 시간이 흐르면서 그들이 낳은 아이가 많아지더니 그 아이들끼리도 서로 미워했다.

엘리사벳은 도무지 알 수 없는 장면들을 보면서 당황하며 그 처절한 모습들에 안타까워 이내 눈물을 흘렸다.

"엘리사벳."

가브리엘 천사의 목소리였다.

깜짝 놀란 엘리사벳이 엎드리며 "가브리엘 천사님, 오셨나이까."라고 말했다.

"엘리사벳, 마리아를 통해 모든 이야기를 들었을 것이다. 마리아는 이제 인간 요셉의 씨가 아닌 하늘의 씨를 받아서 세상을 통치할 주님을 잉태하려고 한다. 이 일은 마리아 혼자서 할 수 있는 일이 아니다. 엘리사벳의 도움이 절대적으로 필요한 것이다. 그것이 바로 엘리사벳의 사명인 것이다."

"알겠나이다. 하늘이 주신 사명을 이루겠나이다. 그런데 제가 무엇을 해야 할지 모르겠습니다."

"너의 눈앞에 펼쳐졌던 장면은 네가 할 일이 무엇인가를 알려 주는 것이었다.

첫 번째 남자는 너의 조상 아브라함이었다. 아브라함의 두 아내가 서로 사랑하지 못하고 서로 미워하여 그들에게서 낳은 두 아들이 서로 사랑하지 못했다.

두 번째 남자는 아브라함의 손자 야곱이었다. 아브라함의 아들들이 사랑하지 못한 책임을 그의 후손 에서와 야곱이 이루었어야 했다. 야곱과 에서가 서로 사랑하매 그 뜻이 이루어졌다. 하지만 야곱의 두 아내가 서로 미워하였다. 그래서 두 여자의 책임이 지금까지 남게 되었다."


엘리사벳은 가브리엘이 보여 준 환영을 통해 자신이 무엇을 해야 하는지 알게 되었다. 하지만 그 일은 자신이 감당하기에 너무도 두려운 일이라 감히 행동에 나서기를 주저하게 되었다.

"이 일을 성공하지 못한다면 하늘이 너에게 아들을 주신 의미는 아무 것도 없는 것이다."

가브리엘의 마지막 말만이 엘리사벳의 머릿속을 떠나지 않고 맴돌았다. 가브리엘이 남기고 간 말은 엘리사벳에게 어렵게 얻은 자식마저 잃을 수도 있다는 공포를 안겨 주었고 두려워도 이 일은 꼭 해내야만 한다는 다짐을 하게 만들었다.

# 임신한 마리아

"마리아, 너는 알고 있었구나? 그 아이의 씨가 누구
인지."

"네."

"음.... 그래서 차마 말을 못 했구나."

엘리사벳은 자신의 불러 온 배를 어루만지면서 말
했다.

"나는 이 아이가 너무나도 소중하다. 이 아이가 잘 자라서 주님의 뜻을 이루는 아이가 된다면 더 바랄 것이 없다. 하늘의 뜻이 무엇인지 알았는데 무얼 망설이겠느냐? 나는 야곱의 아내들과 같이 시기하고 질투하는 사람이 되고 싶지 않다."

그날 엘리사벳은 이 모든 것을 사가랴에게 설명했다. 사가랴는 엘리사벳의 얘기를 듣고는 너무 놀라서 어쩔 줄 몰라 했다. 엘리사벳은 놀라서 어쩔 줄 모르는 남편을 달래며 말했다.

"여보, 침착하세요. 지금 우리는 너무도 중요한 일을 만난 거예요. 우리가 이 일을 잘 해내야만 우리의 아이도 지킬 수 있는 것입니다."

엘리사벳은 사가랴에게 거사를 치를 수 있도록 협조해 달라고 부탁했다. 하지만 사가랴는 몇 번이나 손사래를 치며 안 된다고 했다. 이에 엘리사벳은 눈물을 흘리며 애원을 했다.

"여보, 난들 이 일이 좋아서 이러는 줄 아십니까? 당신이 반대를 해서 애써 가진 우리 아이가 잘못되기라도 하면 어찌합니까? 이 아이는 하늘이 우리를 위해 보내 주신 것이 틀림없는데, 하늘의 뜻을 따르지 않는다면 분명 다시 거둬 가실 것입니다. 저는 그것이 두렵습니다. 어떻게 가진 아이입니까? 만일 아이가 잘못되기라도 하면 저도 따라 죽을 것입니다. 그러니 제발 한 번만 눈 딱 감고 이 일을 치러 주셔요."

사가랴는 엘리사벳의 눈물 어린 간곡한 말에 어찌할 수가 없었다. 엘리사벳의 부탁에 그도 결국 따르기로 결정했다.

아내가 나가고 그는 조용한 방에 혼자 앉아서 깊은 생각에 잠겼다.

'어찌하여 이런 일이 우리 집안에서 일어나는 것인가? 처음에는 나이 먹은 우리 부부에게 엘리야의 사명을 갖고 태어날 아이를 주시더니, 이번에는 나로 하여금 세상을 구원할 주님을 낳게 하시고….'

도통 이해할 수가 없었지만 분명 하늘의 어떤 뜻이 있겠거니 생각하며 그대로 오랜 시간 앉아 있었다.


다음 날 엘리사벳은 마리아의 방에 찾아왔다.

"어젯밤에 천사가 나타나서, 며칠 몇 시에 합방을

해야 하는지 알려 주고 갔다. 너는 그때까지 몸가짐을 단정히 하고 마음의 준비를 단단히 해라.”

그 말에 마리아는 “네.” 하고 대답하고는 하루 종일 기도하며 마음을 가다듬었다.

그날이 되자 엘리사벳이 마리아를 어떤 방 앞으로 데려갔다.

“들어가거라.”

엘리사벳은 단호하게 말하고 돌아서 가 버렸다.

마리아는 순간 두려움이 몰아쳤지만 마음을 굳게 먹고 방 안으로 들어갔다. 어둠 속에서 희미한 빛 가운데 누군가가 앉아 있음을 알았다. 그는 아무 말이 없었다. 마리아는 그가 사가랴임을 알았다.


거사를 치르고 한 달이 지난 후 마리아가 엘리사벳에게 문안 인사를 올릴 때였다.

“마리아, 내 복중의 아이가 너를 보더니 뛰노는구나. 아마도 이 아이가 너의 배 속의 아이를 알아보는가 보다.”

“모두가 하나님의 은혜이옵니다.”

"그래, 하나님이 너로 하여금 세상을 구원할 주님을 잉태하게 하였다. 모든 여자 중에 네가 복이 있으며 네 태중의 아이도 복이 있도다."

"고마워요. 언니도 태중의 아이와 함께 누구보다도 복이 있으니 이 모두 하나님의 은혜입니다."

둘은 서로에게 덕담을 하며 즐거운 시간을 보냈다.


천상에서는 마리아의 잉태에 모두가 기뻐하며 감격의 눈물을 흘리고 있었다.

"하나님, 드디어 하늘의 아들이 잉태되었습니다. 축하드리옵니다."

"그래. 이제야 하늘의 아들을 잉태하는 뜻이 이루어졌다. 요셉의 정혼자를 통해 사탄 세상의 정혼자를 뺏어 오는 뜻이 이뤄졌고, 두 여인이 협조하여 한 남자를 상대하는 뜻을 이루었다. 그리하여 결국 하늘의 아들을 잉태하는 뜻까지 이루었다. 이제야 비로소 오랜 세월 기다리고 견뎌 온 한을 풀 수 있겠구나."

# 요한의 탄생

마리아가 잉태하고 몇 달이 지난 후, 엘리사벳은 오랜 진통 끝에 아들을 낳았다. 아이를 낳은 지 팔 일 후 할례를 하기 위해 친척들이 모였다.

"아이의 이름을 뭐로 할까요?" 친척 중 하나가 물으니,

"아버지 이름을 따서 사가랴로 정하면 어떻겠나?"

라고 누군가 대답했다.

그러자 엘리사벳이 나서서 말했다.

"그 아이의 이름을 요한이라고 할 것입니다."

이에 친척들이 고개를 갸우뚱하였다.

"우리 친족 중에 요한이라는 이름이 없는데, 어찌 이 이름을 하겠다는 것인가? 사가랴에게 가서 물어봐야겠다. 그도 같은 생각인지."

그리하여 그들이 사가랴에게 가서 어떤 이름으로 할 것인지 물었다. 그러자 사가랴가 말은 못 하고 서판에 글로 대답했다. 그가 쓴 이름 또한 요한이었다. 그가 요한이라고 이름을 적고 난 후 그의 입이 풀려 말을 할 수 있었다. 그 자리에 있던 친척들이 모두 놀라 한마디씩 했다.

"사가랴가 열 달 동안 말을 못 하더니 서판에 요한이라고 쓴 후에 말을 하기 시작했다. 이 아이가 장차 큰일을 할 인물인가 보다."

그 일로 인해 소문이 돌더니 얼마 후 사가랴의 아들 요한을 모르는 사람이 없었고 어떤 이는 "요한이 세상을 구원할 주님이 아닐까?" 하고 말하기도 했다.

"마님, 사람들이 마님의 아이를 놓고 한마디씩 하더이다."

"뭐라 그러더냐?"

"아이가 나기 전부터 여러 징조를 보이는 것을 보아 장차 큰일을 할 인물이 확실하다 하더이다. 그러면서 그 아이가 세상을 구원할 주님이 아닐까 하며 말하더이다."

"예끼, 그런 허황된 소리 하지 말라고 하거라."

엘리사벳이 그렇게 얘기했지만 내심 기분이 나쁘지 않았다. '주님을 예비할 인물 정도임은 알고 있지만 그보다 더 높은 위치에 간다 한들 무엇이 나쁠 것인가? 우리 아들이 큰 인물이 되면 좋지.' 하면서 남들이 하는 허황된 소리를 오히려 자신의 마음속으로 받아들이고 말았다.

# 엘리사벳의 변심

마리아가 엘리사벳의 집에 머문 지 어느덧 여러 달이 지났다. 여종 하나가 엘리사벳에게 다가와 말했다.

"마님, 사람들이 마리아 아가씨를 놓고 수군댑니다."

"그래? 뭐라고 하더냐?"

"일전에 나이 먹은 아낙네가 와서는 마리아 아가씨가 입덧을 하길래 배를 유심히 보니 애를 가진 것 같다고 말하더이다."

"그래?"

"그래서 제가 '그게 무슨 소리요? 망측하게. 마리아 아가씨는 처녀고 정혼자도 멀리 있는데, 그게 될 말이오? 쓸데없는 소리 하지 마시오.' 하고 윽박지르긴 했는데...."

"음... 그랬구나."

"그런데 마님, 사실 마리아 아가씨가 전보다 배도 나오고 하는 모양새가 꼭 애 가졌을 때 같은 거는 사실인지라...."

"알겠다. 그만 가 봐라."

엘리사벳은 아이를 낳느라 정신없어서 그동안 신경을 못 썼지만 이제 마리아의 해산이 큰일임을 느꼈다.


엘리사벳은 요한이 태어나기 전에는 아이를 지켜야 한다는 일념으로 마리아를 도왔지만, 막상 아이가 나오고 나니 마음의 변화가 생기기 시작했다.

'마리아를 집에 들여앉히면 저 모자를 내가 상전으로 모시고 살아야 하지 않는가? 그러잖아도 어린 여자를 첩으로 데려다 놓았다고 우리 집안을 손가락질할 텐데, 본처가 첩을 상전으로까지 모시고 산다고 하면 남들이 나를 얼마나 우습게 보겠는가?'

엘리사벳이 근심 어린 표정으로 사가랴에게 말했다.

"여보, 마리아의 배가 점점 불러 오니 사람들이 뭐라고 하나 봅니다."

그러자 사가랴는 이미 마음의 각오를 한 것처럼 담담하게 말했다.

"부인, 이 일은 어차피 우리에게 닥칠 일이 아니었소? 사람들에게 아이 가진 사실을 말하고 마리아를 정식으로 우리 집 사람으로 들여야 할 것 같소."

마리아를 정식으로 들인다는 말에 엘리사벳은 화들짝 놀라 말을 돌렸다.

"그렇지만 사람들이 알면 뭐라고 하겠어요? 남의 정혼자를 데려다가 첩으로 앉혔다고 할 텐데요. 더구나 요셉이 알면 난리를 치지 않겠어요?"

그 말도 일리가 있는지라 사가랴는 고개를 떨구었다.

"그러게 말이오. 제사장인 내가 젊은 처녀를 임신시키고 여자의 정혼자까지 와서 난리를 친다면 아마 나는 두 번 다시 예루살렘 성전에는 발을 들여놓지 못할 것이오."

둘은 이 일이 보통 일이 아님을 깨닫고는 두려움으로 인해 얼굴에 근심이 가득했다.


엘리사벳은 머리로는 하늘의 뜻을 이해하려고 했지만 아이를 볼 때마다 앞으로 자기와 아이의 신세가 처량해질 것을 두려워했다. 또한 루시엘이 그랬던 것처럼 질투와 시기의 마음이 차올랐다.

'어찌하여 내 아이가 마리아의 아이보다 못한 인물이 되어야 한다는 말인가? 남들은 다 요한이 세상을 구원할 주님이라고 알고 있지 않은가? 그런데 정작 첩으로 앉힐 마리아의 아이가 세상 가장 큰사람이 되고 내 아이는 한낱 그의 발밑에 있어야만 한다는 말

인가?'

결국 엘리사벳은 마리아를 내쫓아야 한다는 생각을 갖게 되었다.


엘리사벳의 변심을 알게 된 천상에서는 큰 난리가 났다.

"하나님, 엘리사벳이 아이를 낳더니 변심하여 마리아를 내쫓으려고 합니다. 엘리사벳의 마음을 돌리기 위해 천사들 모두가 그에게 달려갔으나 이미 사탄이 그를 장악하여 그 누구도 그의 마음을 돌이킬 수 없는 지경입니다. 어찌하면 좋겠습니까?"

가브리엘의 당혹감만큼이나 신도 당혹스럽긴 마찬가지였다.

"사가랴 집안을 선택한 이유가 무엇이었더냐? 그 가정이 이스라엘에서 명문가요, 모르는 이가 없는 곳이 아니더냐? 그곳에서 해산하여 그 아이를 사가랴의 집안에 입적하여 이스라엘의 왕으로 만들려고 하였건만, 엘리사벳이 자신의 안위를 생각하여 사탄의 마음을 갖게 되었구나."

탄식하는 신을 보고 있노라니 가브리엘도 어찌할 바를 몰랐다.

"언니, 무슨 일이라도 있으세요? 안색이 좋지 않네요."

요즘 들어 엘리사벳의 태도가 남다름을 깨달은 마리아가 엘리사벳의 얼굴을 살피며 물었다.

그러자 엘리사벳이 기다렸다는 듯이 말했다.

"그러니? 요즘 내가 좀 심기가 불편한 게 있어서 그렇구나."

"어떤 일인데 그러세요. 다 말씀해 주세요. 제가 도울 일이 있다면 돕겠습니다."

엘리사벳은 한참을 마리아 얼굴을 바라보다가 말을 했다.

"마리아, 내가 요즘 좀 괴롭구나. 사람들이 너의 배를 보고 임신한 거라고 뒤에서 수군대는데, 뭐라 할 말이 없구나."

"음.... 그러셨군요."

"남편도 요즘에는 누가 뭐라고 할까 봐 안절부절못

하고... 이러다가 만일 요셉이 우리 집에 들이닥치기라도 한다면 어떻게 해야 하나 걱정도 되고....”

마리아는 엘리사벳의 고충을 듣고는 조용히 말했다.

“언니, 언니의 마음 이해해요. 제가 이 집에 있는 동안 아마도 사람들로부터 비난을 받을 거예요. 그렇게 되면 언니가 아이를 키우는 것도 힘들어질 것이고요. 제가 내일 날이 밝는 대로 이 집을 나가서 전에 살던 거처로 갈게요.”

마리아가 그렇게 말은 했으나 내심 엘리사벳이 붙잡기를 바랐다. 아이를 밴 채 돌아간다면 분명히 그의 앞날이 험난할 것임을 알고 있었기 때문이다.


엘리사벳의 집 문턱을 나서는 마리아의 발걸음은 너무도 무거웠다. 아이를 가진 몸도 무거웠지만 그보다 마음이 더 무거웠다.

“이런 모습으로 돌아간다면 사제들은 나를 어떻게 볼 것인가? 이 모든 것이 하나님의 뜻이라고 한다면 그들이 받아들일 것인가?”

착잡한 마음을 뒤로한 채 보따리 하나 달랑 들고는 터벅터벅 걷기 시작했다.

이 모든 것을 지켜본 신은 심각하지 않을 수 없었다.

"가브리엘, 큰일이로다. 애를 가진 처녀를 받아 줄 곳이 이스라엘 어디에도 없을 테니 말이다."

"그러게 말입니다. 사가랴 가정이 예수를 품지 못한 것을 빌미 삼아 사탄이 공격할까 심히 두렵습니다."

# 돌아온 요셉

마리아는 예루살렘 성전이 가까이 보이는 곳까지 왔다. 전에 살던 처소는 성전 근처에서 얼마 되지 않은 곳에 있었다. 아이를 갖고는 몸이 무거워져서 그런지 쉽게 피곤해졌다. 그는 잠깐 쉬어 가기로 마음먹고 나무 그늘에 기대어 앉았다.

"마리아 아니냐?"

지나가던 동네 아낙네가 마리아를 알아보고 물었다. 순간 마리아는 옷으로 자신의 아랫배를 가렸다.

　"아, 네.... 안녕하셨어요?"

　"그래, 오랜만이구나."

　그렇게 인사를 하고 아낙네는 바쁜 걸음으로 갈 길을 갔다.

　마리아는 자신의 이런 모습이 왠지 처량하게 느껴져 눈물이 나왔다.

　'내가 왜 이러지? 겨우 이 정도의 일로 인해서 눈물이 난단 말인가? 이러면 안 되지. 마음을 굳게 먹어야겠다.'

　다짐을 하고 일어나려고 했지만 몸이 무거웠다. 오랫동안 걸어서 무척 피곤했다. 그는 그 자리에서 잠이 들었다.


　"마리아!"

　누군가가 마리아를 불러 눈을 떴다.

　"아니, 요셉? 당신이 어떻게 여길...."

　"마리아, 그건 내가 묻고 싶은 말이오."

"저는 사촌 언니가 임신을 하여 거기서 지내면서 해산하는 것을 돕고 이제 집에 돌아가는 길입니다. 그런데 당신은 아직 갈릴리 일이 끝나지 않았을 텐데요...."

"그래요. 아직 서너 달 일이 남았는데, 얼마 전부터 당신이 매번 꿈에 나와 근심하다가 고향에 일이 있어서 갔다 온다 말하고는 이렇게 바쁘게 온 것이오. 그런데 이렇게 길에서 당신을 보게 될 줄은 몰랐소."

마리아는 일어나서 "그럼, 집으로 가시죠." 하고 앞장서려 하였다.

"아니요, 이 나귀에 올라타시오. 좀 더 가야 하잖소."

요셉은 마리아를 안아서 자신의 나귀에 앉혔다. 그때 요셉은 마리아의 배가 나온 것을 느꼈다.


"꽤 오랫동안 집을 비웠나 보오?"

요셉이 집 안을 둘러보더니 뿌연 먼지를 보고 한마디 하였다.

"네, 석 달 정도 가 있었습니다."

"아, 그렇군요."

마리아는 요셉에게 무언가 먹을 것을 해 주려고 식기를 만지작거렸다.

"마리아, 나는 잠시 다녀올 데가 있으니, 당신은 그냥 아무것도 하지 말고 푹 쉬시오."

"어딜 다녀오시게요?"

"그동안 사제들을 뵙지 못했으니 성전에 가서 인사 드리고 오리다."

"네, 그러셔요."

마리아는 요셉이 나가고 나서 그 자리에 푹 쓰러져 잠이 들었다.


"아니, 이게 누구야? 요셉 아닌가?"

"네, 요셉입니다. 그동안 안녕하셨습니까?"

사제들이 요셉의 방문에 다들 반가워하며 손을 잡았다.

"그런데 요셉, 자네 정혼자인 마리아는 어디 있는지 아는가?"

"네, 그럼요. 마리아는 집에 있습니다."

"무슨 소리인가? 마리아가 사촌 언니 집에 가서 석 달이 넘게 오지 않고 있는데...."

"아닙니다. 지금 돌아왔습니다. 저와 만나서 함께 왔습니다."

"그래? 그러면 애를 뱄다더니 자네가 그렇게 한 건가?"

"네? 그게 무슨...."

그제야 요셉은 알았다. 마리아의 배가 많이 나온 이유가 무엇인지.

"혹시 자네, 몰랐다는 말인가?"

요셉이 머뭇거리자 옆에 있던 다른 사제가 거들었다.

"그 소문이 맞는구먼. 제사장 사가랴 집안에 들어간 처녀 하나가 애를 뱄다고 하더구먼.... 제사장 사가랴 집안이면 마리아의 사촌 언니네 집이 아니던가?"

"이제야 마리아의 소행을 다 알겠구나. 이거 큰일일세. 우리 사제들이 키운 소녀가 처녀 임신을 했으니 말이야. 사람들이 알면 당장 돌로 처형하라고 할 텐데 이걸 어떡하나?"

돌로 처형한다는 말에 요셉은 갑자기 머리가 하얘지며 얼굴에서 핏기가 사라졌다.

"아.... 아닙니다. 아닐 것입니다. 제가 확실하게 확인하고 다시 연락드리겠습니다."

요셉은 황급히 집으로 돌아갔다.

# 요셉의 의로움

부리나케 집으로 돌아온 요셉은 마리아가 쓰러져 자는 것을 물끄러미 바라봤다.

'분명히 아이를 가졌구나. 저것은 분명히 아이를 가진 산모의 모습임이 틀림없다. 이 무슨 일인가? 어찌하다 이런 지경이 되었는가? 누가 이런 일을 저질렀단 말인가?'

그때 마리아가 깨어 일어났다.

"요셉, 언제 오셨어요. 깜빡 잠이 들었나 봅니다."

요셉은 이글거리는 눈빛으로 마리아를 쳐다보았다.

"마리아, 나에게 솔직하게 얘기하시오. 당신 지금 임신한 것이 맞소?"

"…."

"대답을 못 하는 것 보니 임신한 것이 사실이군요. 그렇다면 누가 그렇게 한 것이오?"

"…."

"그것도 대답할 수 없다는 것이오? 혹시 누가 당신을 겁탈하기라도 한 것이오? 그렇다면 나에게 얘기해 주시오. 내가 그를 찾아가서 복수를 해 주겠소."

"아닙니다. 결코 그런 것이 아닙니다. 제가 나중에 얘기할 테니 오늘은 그냥 넘어가 주세요."

마리아가 눈물로 호소하여 요셉은 어쩔 수 없다는 듯 자신의 자리로 가서 누웠다.

둘은 아무 말도 하지 않고 그렇게 어둠 속에서 잠이 들었다.

요셉의 꿈에 누군가가 나타나 말하였다.

"요셉아, 마리아를 버리지 말라. 그가 잉태한 아이가 크게 될 사람이니라."

다음 날 사제들이 마리아의 처소에 찾아왔다.

"마리아여, 어찌하여 네가 이런 일을 행하였느냐?"

그들이 문을 차고 들어와서 마리아를 끌어내려고 했다.

이에 요셉이 황급히 달려왔다.

"사제들이여, 용서하소서. 그의 아이는 제 아이입니다. 어제는 제가 겁이 나서 바로 말을 못 했나이다. 석 달 전에 제가 마리아와 동침을 하였는데 그때 아이를 가진 것입니다."

사제들이 서로 얼굴을 쳐다보고는 머쓱하여 한마디씩 하였다.

"그럼 그렇지. 마리아가 그럴 리가 없지. 괜히 큰일을 치를 뻔했구나."

"요셉이 얼마나 여자가 그리웠으면 그 먼 나사렛에서 여기까지 와서 일을 치르고 갔을까? 우리는 다 이해하니 앞으로 잘하고 살아라."

그렇게 웃고는 다들 돌아갔다.


"고마워요."

마리아는 요셉에게 고맙다고 말하며 손을 잡아 주었다.

"아니요, 이게 다 하늘의 뜻이오. 어젯밤 꿈에 누군가 나타나 당신을 버리지 말라고 했소. 나는 당신과 그 아이에 대한 비밀을 모르오만 그 비밀을 지켜야하는 것이 하나님의 뜻이라면 그 뜻을 따를 것이오. 그러니 이제 안심하고 몸을 보호하기 바라오."


이 모든 장면을 노심초사 지켜보고 있던 가브리엘이 안도의 한숨을 쉬었다.

"하나님, 천만다행으로 요셉이 의롭게 하여 마리아가 살아났습니다."

"그래, 참으로 다행이다. 요셉이 한 행동은 칭찬받아 마땅하다."

신은 요셉의 의로운 결정으로 마리아를 살렸다는

것에 기뻤지만 애당초 엘리사벳이 쫓아내지만 않았다면 마리아가 이런 어려운 길을 가지 않았을 것이라는 생각에 착잡한 마음을 감출 수 없었다.

"요셉의 의로움은 높이 살 만하다. 하지만 엘리사벳이 자신의 안위를 위해 마리아를 내쫓지 않음만 못하다. 엘리사벳이 마리아를 품었더라면 마리아는 결코 그런 위태로움을 당하지 않았을 것이다."

"엘리사벳은 어찌하여 변심하였던 것입니까?"

"엘리사벳이 자식을 원할 때는 간절함으로 인하여 하늘의 말씀에 경청하였지만 자신의 목적을 이루고 보니 본래의 이기적인 마음이 들어와 갈등한 것이다. 그렇게 두 마음을 놓고 싸우다가 결국 이기적인 마음이 이겨서 마리아를 내보낸 것이다. 두 마음이 서로 싸우는 것은 인간이라면 누구나 겪게 된다. 하지만 어느 것을 선택할지는 인간 스스로 해야 할 각자의 책임이다. 그것은 신도 간섭할 수 없는 것이다."

CHAPTER

3

# 예수의 탄생

"마리아, 이제는 여기서 혼자 살 수 없소. 나와 함께 갈릴리의 나사렛으로 갑시다. 거기에 가면 내가 마련한 집도 있고 다른 사람 눈치도 볼 필요가 없을 것이오."

나사렛은 갈릴리에 있는 작은 마을이었다. 그동안 요셉은 그곳에 거처를 마련하고 갈릴리 도시에서 벌어지는 대규모 공사에서 목수로 일을 하고 있었던 것이다.

마리아는 어차피 이곳에서 혼자 지내면서 아이를 낳을 수는 없었다. 달리 방도가 없었기에 요셉을 따라나서기로 마음먹었다. 옷가지와 부모님이 물려주신 값나가는 유품들을 챙겨서 나귀에 싣고는 길을 출발했다. 예루살렘에서 나사렛까지 가는 길은 꼬박 일주일은 가야 하는 먼 길이었다. 나귀의 등에 올라타서 간다지만 아이를 가진 산모가 일주일을 가야 하는 여정은 실로 괴로운 것이었다. 여러 날이 지나서야 그들은 집에 도착할 수 있었다.

"아니, 이게 누구여? 요셉 아닌가? 고향에 일이 있어서 갔다더니 지금 오는가?"

마을 어귀에서 만난 동네 아낙네가 반갑게 인사를 했다.

"같이 온 색시는 누구인가? 정혼했다는 그 색시인가?"

마리아는 보따리로 배를 가리고는 아낙네에게 "네." 하며 인사를 했다.

나사렛은 몇백 가구 정도가 옹기종기 모여 사는 촌이었다. 이곳엔 베들레헴이 고향인 사람들도 20여 가구 살고 있었는데 요셉은 그들과 형님 동생 하며 살고 있었다.

몇 달이 지나자 마리아의 배는 점점 불러 왔고 움직이는 것조차 쉽지 않게 되었다. 그러자 동네 아낙네들이 수군대기 시작했다.

"새댁이 이제 온 지 다섯 달밖에 안 된 것 같은데 배가 너무 부른 거 아닌가?"

"그러게 말일세. 산달이 다 된 것 같지 않은가?"

이에 베들레헴 동향 선배 하나가 요셉에게 다가와 말했다.

"요셉, 자네가 형편이 어려워 혼례를 못 하고 바로 살림을 차렸다고 하지 않았던가?"

요셉은 선배가 무슨 말을 하려고 이러나 하며 조용히 듣고 있었다.

"그런데 말이야. 색시가 여기 온 지 다섯 달밖에 안 됐는데 배는 벌써 산달이 다 된 듯하단 말이지. 혹시 혼례를 못 치른 것이 그전에 이미 임신을 해서 때문인가?”

요셉이 선배의 말에 당황하여 손사래를 치며 말했다.

“아니, 형님. 그게 무슨 말씀이요. 그게 아니고 애가 커서 그런 것이오.”

그러자 옆에 있던 다른 선배가 핀잔을 했다.

“이보게, 요셉이 우리랑 같이 계속 일을 하면서 여길 나간 적이 없는데 어떻게 그전에 임신을 한단 말인가? 괜한 트집 잡지 말고 술이나 한잔하세.”

그렇게 둘이 돌아서서 가고 나자 요셉은 깊은 한숨을 쉬며 근심하기 시작했다.

‘이러다 이곳에서도 다 들통나면 더 이상 무슨 변명을 한단 말인가? 아이가 나오기 전에 빨리 방법을 찾아야겠다.’

요셉은 애가 나오기 전에 나사렛을 벗어날 궁리를 했다.

그러던 중 로마가 세금을 정확히 징수하려는 의도로 전국에 호적령을 내렸다는 말을 들었다. 요셉은 이때다 싶어 마을 선배들에게 말을 했다.

"형님들, 이번에 고향에 가서 호적도 하고 친지들도 만나고 오겠습니다."

"그래, 잘 갔다 오게나."


열 달이 다 된 만삭의 산모가 그 먼 길을 간다는 것은 큰일이 아닐 수 없었다. 요셉은 마리아가 걱정스러웠다.

"마리아, 배가 불러 힘들 텐데 먼 길을 가야 하니 참으로 걱정이오."

마리아도 속으로는 걱정되었으나 요셉에게는 차마 그 말을 할 수 없었다.

"요셉, 걱정 마세요. 하나님이 지켜 주실 것입니다."

그렇게 말은 했으나 마리아는 얼마 못 가서 괴로움으로 고통스러웠다. 만삭의 몸은 걷기도 힘들었지만 나귀의 등 위에서 흔들리며 가는 것은 더욱더 힘들었다. 어쩔 수 없이 뒤뚱거리며 걷다 쉬다 반복하면서 길을 갈 수밖에 없었다. 밤이 되면 퉁퉁 부은 다리를 요셉이 주물러 주었고 아침에는 눈을 뜨자마자 서둘러 길을 나서기를 반복하며 베들레헴을 향해 열흘길을 가고 있었다.

만삭의 몸으로 뒤뚱뒤뚱 걷는 마리아의 처량한 모습을 보고 있노라니 신도 불쌍하여 눈물이 나지 않을 수 없었다. 가브리엘도 마리아의 고통을 보면서 괴로운 나머지 신에게 물었다.

"하나님, 천상의 모든 천사를 총동원하여 마리아를 보호하고 있습니다. 하지만 마리아의 몸이 너무 무거워 고통스러워하는데 저들이 베들레헴에 잘 도착할 수 있을까요?"

"가브리엘, 나도 이 비참한 상황을 보면서 괴롭구나. 마리아가 사가랴 집안에 머물렀더라면 오늘날 저렇게 고통을 받을 일도 없었을 것을 생각하니 더욱 안타깝구나. 하지만 이스라엘 민족이 예로부터 베들레헴에서 이스라엘 왕이 나올 것이라 믿고 있으니, 저들이 힘들더라도 필히 베들레헴에 가서 아이를 낳아야 할 것이다."

먼 길을 지나 어둑어둑한 저녁 무렵, 베들레헴의 어느 여관 앞에 다다랐다. 그때 마침 마리아가 산통이 왔다. 요셉이 여관 문을 급히 두드렸다.

"계시오! 문 좀 열어 보시오! 애가 나오려고 하오!"

그 소리를 들었는지 늙은 안주인이 나와서 산모를 끌고 어딘가로 데려갔다. 그날따라 호적을 하러 여기저기서 사람들이 많이 올라와 방이 없었다. 안주인이 산모를 데리고 간 곳은 마구간이었다. 안주인은 자리를 펴고 산모를 뉘었다.

"힘을 주시오! 힘을!"

늙은 안주인은 애를 여럿 받아 봤는지 노련한 솜씨로 애를 받아 냈다.

"아이고, 그놈 잘생겼구먼."

안주인은 받은 아이를 산모에게 안기면서 연신 잘생겼다고 하며 웃더니,

"오늘은 방이 없으니 이곳에서 주무시구려."라는 말을 남기고 돌아가 버렸다.

산모는 아이를 안고는 기쁨의 눈물을 흘리며 아이에게 입 맞추었다. 요셉도 다가와 아이를 안아 보고

는, "이렇게 이쁜 아이가 나오려고 그렇게 고생했구려."라고 말하고는 아이의 머리에 입 맞추었다.

"하나님, 드디어 바라시던 하늘의 아들이 태어났습니다!"

가브리엘이 만면에 기쁜 표정을 짓고는 달려와 소리쳤다.

"그래, 드디어 수천 년간 기다려 온 하늘의 아들이구나. 아담이 이루지 못했던 그 모든 것을 회복하고 내가 원래 이루고 싶었던 세상을 만들어 낼 귀한 아들이다."

"하나님, 저 어린아이를 위해서 저희가 무엇을 하면 되겠습니까?"

"가브리엘, 그동안은 인간과 신이 직접 대화할 수 없었지만 저 아이는 그렇지 않다. 이제부터 저 아이는 내가 직접 대할 것이다. 저 아이는 사탄과 아무 관계가 없는 순수한 하늘의 혈통이기 때문이다. 그러니 천사들은 저 아이를 주님으로 모시고 따르도록 하여라."

한편 사탄은 하늘의 아들 예수가 태어난 것을 보고는 심기가 불편해졌다. 만일 예수가 신의 뜻을 이루고 세상을 구원한다면 자신은 더 이상 이 세상에서 설 자리가 없어질 것임을 알기 때문이었다. 그는 두렵기도 했지만 그렇다고 부하들 앞에서 그런 모습을 보일 수는 없는 법이라고 생각했는지 허세 가득한 연설을 하기 시작했다.

"저 아이가 하늘의 아들이라고는 하나 어차피 나약한 인간의 몸을 쓰고 있을 뿐이다. 인간의 속성은 무엇이더냐? 인간의 속성은 무릇 질투하고 시기하고 변심하는 것이다. 그가 아무리 믿음이 강하다 하더라도 세상 속에서 고통과 핍박을 받으면 아담이 그랬듯이 그도 얼마든지 타락할 것이며 아브라함이 그랬듯이 작은 것이라도 실수하면 그것이 빌미가 되어 죽을 수 있을 것이다. 또한 엘리사벳이 그를 버렸듯이 세상 가운데 얼마든지 버림받을 수 있는 것이다. 따라서 하늘의 아들이라고 너희가 두려워할 것 없다. 그도 언제든 죽을 수 있는 것이다. 그러니 너희는 그가 실수하기를 노려 그를 죽음의 길로 가게 하라."

신은 예수가 세상을 구원하여 아담이 못 이룬 소망을 이루기를 너무도 바라고 있었지만 예수가 죽음의 길을 갈 수도 있다는 것을 알고 있었다.

"예수가 죽음의 길을 가지 않기 위해서는 마리아의 굳건한 믿음이 가장 중요하다. 마리아만큼은 변심하지 않고 예수를 지켜야만 한다. 가브리엘, 너는 그것을 명심하고 각별히 마리아를 지켜보거라."

"네, 알겠습니다."

대답은 했지만 지금까지 인간들의 변심을 통해 뜻이 이뤄지지 않은 것을 수없이 목도한 가브리엘로서는 예수의 앞날이 평탄치만은 않을 것이라는 생각에 마음이 편치 않았다.


요셉은 아이가 태어나고 호적을 마쳤지만 나사렛으로 바로 돌아가지 않았다. 지금 바로 돌아가면 아이를 너무 일찍 낳은 거 아니냐며 또 이웃들이 수군댈 것을 염려하였기 때문이다. 그래서 그들은 몇 달간 베들레헴에서 아는 이를 통해 빈방을 구해 더 머물다가 가기로 마음먹었다.

# 동방의 학자들

　이스라엘의 동쪽에는 파르티아 제국이 있었다. 이 곳에서는 오래전부터 하늘의 별을 보고 운명을 점치는 점성술이 발달했었다. 점성술을 연구하는 학자 몇몇이 모여 얼마 전에 새로 생긴 별 하나를 놓고 의논을 하게 되었다.

　"저 별은 보통의 별이 아니고 큰 인물이 태어남을

보여 주는 별 아니오?"

"그렇소. 위치가 이스라엘 방향인 것으로 봐서 아마도 이스라엘의 왕이 태어난 거 아닌가 싶소."

그들은 자신들의 학문을 입증하고자 그동안 많은 노력을 해 왔다. 그들은 이번에 나타난 별이 기회라고 생각했다.

학자 중 하나가 먼저 말을 꺼냈다.

"이번에 우리가 직접 이스라엘로 가서 새로 태어난 왕을 보고 우리의 학문이 옳다는 것을 입증해 보입시다."

그리하여 학자 중 3명이 가기로 했다. 또한 같이 길을 따를 무사와 종들까지 합쳐 모두 20여 명이 이 긴 여정에 함께했다.


동방의 학자들이 길을 떠난 지 약 3개월이 지나서 드디어 이스라엘 땅을 밟았다. 이스라엘의 백성들이 이방인의 낯선 행렬을 보고 저마다 한마디씩 하더니 그 소문이 예루살렘의 헤롯왕에게까지 전달되었다.

"뭐라고? 새로 태어난 왕을 보러 왔다고?"

헤롯이 놀라지 않을 수 없었다.

"그러하옵니다. 그들은 별을 연구하는 학자들인데 새로 태어나신 왕을 보러 왔다고 하옵니다. 그래서 지금 이곳 예루살렘 성으로 온다고 하옵니다."

"왕은 내가 왕인데, 이게 무슨 말이냐? 당장 잡아다가 반란죄로 집어넣어야 하는 거 아닌가?"

"폐하, 일단은 들어오라고 하여 말을 들어 보고 그 이후에 처리하시면 될 듯합니다."

"음.... 그렇지. 무슨 연고인지 들어 보고 나중에 처리하도록 하자."


드디어 동방의 학자 일행이 예루살렘 성안으로 들어서게 되었다. 일행 중 학자 3명이 왕 앞에 불려 갔다.

헤롯이 물었다.

"새로 태어난 왕을 보러 오셨다고요?"

"네, 그러하옵니다. 저희는 별을 연구하는 학자입니다. 새로운 별이 있어서 연구해 보니 그 별은 왕을 뜻하는 것이었습니다. 그런데 그 별이 이스라엘의 하늘 위에 떠 있기에 저희가 이렇게 먼 길을 달려 새 왕을 뵙고 인사드리러 왔나이다."

다 듣고 난 헤롯은 옆에 있던 대제사장에게 물었다.

"대제사장, 그대는 성경을 누구보다도 잘 아실 테니 이스라엘 왕이 태어날 곳이 어디라고 예언되어 있는지 말씀해 보시오."

"네, 성현의 말씀에 이르기를 베들레헴이 작은 마을이나 이스라엘을 다스릴 목자가 나실 곳이라 하였습니다."

헤롯이 동방의 학자들에게 말했다.

"들으셨죠? 베들레헴이랍니다. 만일 그곳에 가서서 주님을 만나거든 돌아가는 길에 저희에게 들러 그 위치를 알려 주시오. 저희도 뵙고 경배를 드리려 하오."

학자들은 헤롯의 말에 감사의 인사를 하고 돌아서서 짐을 챙겨 베들레헴으로 길을 나섰다.


헤롯은 이스라엘의 순수 혈통이 아닌 이방 민족의 후손이었다. 이스라엘 민족은 야곱의 후손이었다. 그러나 헤롯은 야곱의 형인 에서의 후손이었다. 에서는 에돔이라는 지역에서 살면서 자손을 번식했는데, 헤롯은 그 에돔의 사람인 것이었다. 당연히 이스라엘 민족은 에서의 후손인 헤롯의 지배를 받는 것이 좋을 리 없었다. 그런데 자신들의 순수 혈통이 이스라엘 왕으로 태어났다고 하니 그들로서는 환영할 수밖에 없는 일이었다.

대제사장과 서기관 몇몇이 은밀히 모여서 이번 일에 대해서 논의를 했다.

"하나님이 보내신다는 왕이 베들레헴에서 태어났다는 소식을 다들 아실 것이오."

"그래요. 정말 기쁜 소식입니다. 지금까지 정통성이 없는 이방인을 왕으로 모시고 사느라 다들 불만이 가득했는데, 이제야 진정 이스라엘의 참다운 왕이 오신 것 같소."

"맞소. 우리가 그 아기를 왕으로 모시어 그 옛날 다윗왕의 영광을 다시금 찾아야 할 것이오."

이런 들뜬 분위기와는 다르게 한 사람이 걱정 섞인 어투로 말을 했다.

"하지만 헤롯왕이 걱정이오. 그는 왕위를 지키려고 자기 아내와 자식마저 죽인 사람인데, 과연 그 아기를 가만히 놔두겠소?"

예상 밖의 말에 다들 얼굴을 한 번씩 보더니 고개를 숙이고 한숨을 쉬었다.

"그렇긴 하오. 왕이 자기 혈족도 죽이는 판국에 이스라엘 왕이라는 아기를 가만히 둘 리가 없을 것 같은데, 이를 어쩌나?"

"그렇다면 우리가 먼저 찾아서 그 아기를 보호해야 하는 거 아니오?"

"만일 우리가 그 아기를 보호하려고 한다면 목숨을 걸고 해야 할 일인데, 그것이 가능하겠소?"

다들 눈치만 보고 아무 말이 없었다. 그러자 한 명이 푸념 섞인 어투로 말했다.

"우리가 무슨 힘이 있겠소. 왕이 그 아기에게 경배한다고 하니 일단은 왕을 믿어 봅시다."

헤롯은 왕위를 지키기 위해 혈족도 무참히 죽였지만 이방인이라는 시선 때문에 지금까지 이스라엘 민족의 눈치를 보고 있었다. 그런데 이렇게 이스라엘 왕이 태어났다고 하면 분명 이스라엘 민족은 환영할 것이고 따라서 자신의 왕위가 흔들릴 것이라 생각하니 이번 일이 큰 심적 부담이 아닐 수 없었다. 이런 헤롯의 심리를 잘 알고 있던 간신배 하나가 다가와 그에게 좋은 묘책을 내놓았다.

"폐하, 무엇을 걱정하십니까? 그 아기가 아무리 대단해 봐야 아기 아닙니까? 미행을 붙이시어 어딘지 알아내자마자 무사를 보내어 제거하시옵소서."

"그렇지, 네 말이 옳도다."

"지금 당장 미행을 붙이어 아기를 찾자마자 보고하라!"

그리하여 두 명의 염탐꾼이 동방의 학자 일행을 몰래 미행했다.


동방의 학자들이 베들레헴에 도착하여 거리를 지나자 작은 마을에 금세 소문이 퍼졌다.

"저 사람들이 3개월 전에 태어난 남자 아기를 찾는다는구먼."

"그래? 요셉이라는 사람의 애가 그 정도 되었을 텐데..."

동방의 학자들은 마을 사람들이 전해 주는 말을 듣고는 마을 귀퉁이에 있는 허름한 집 한 채를 발견했다. 문을 두드리자 요셉이 나왔다.

"누구신지요?"

"네, 저희는 동방의 파르티아에서 온 학자들입니다. 최근에 아기를 낳으셨다고 들었습니다."

"네, 그렇습니다만..."

"믿으실지 모르겠지만, 얼마 전 이스라엘의 왕을 상징하는 별이 나타나 그것을 쫓아 찾던 중, 이곳까지 오게 되었습니다."

"네? 이스라엘의 왕이라고요?"


집 안에서는 마리아가 아기를 안고 앉아 있었다. 아기는 엄마의 품속에서 잠이 들어 있었다. 요셉이 마리아에게 자초지종을 설명했다.

마리아는 이들이 예수를 증거하기 위해 하늘이 보낸 이들임을 알아챘다.

"여러분들 잘 왔습니다. 우리의 아기, 예수는 세상을 구원할 하늘의 아들이요, 다윗의 왕위를 계승할 이스라엘의 왕으로 하늘이 보내셨습니다."

마리아의 말에 학자들은 기쁨의 눈물을 흘리며 말했다.

"이제야 우리가 제대로 된 길을 찾은 것 같소. 저 아기가 진정 세상을 구원할 하늘의 아들이 틀림없는 것 같소."

그러더니 모두 다 엎드려 아기 예수에게 경배를 올렸다. 그리고 그들은 가져온 황금, 유황, 몰약을 예물로 바쳤다.


학자들이 경배를 마치고 집 밖으로 나오자 놀라운 광경이 눈앞에 놓여 있었다. 마당 가운데 두 명의 사람이 포승줄로 묶여서 무릎이 꿇려져 있었고 무사들이 그들을 에워싸고 있었던 것이다.

"아니, 이게 무슨 일인가?"

학자들이 놀라서 묻자, 무사 하나가 나와 대답했다.

"저들이 예루살렘에서부터 염탐을 하면서 미행하

길래, 저희도 몰래 눈여겨보고 있다가 순간 저들을 쳐서 이렇게 포박을 했습니다."

"저들이 누구란 말이냐?"

"처음에는 말을 안 해 고문을 하여 입을 열게 하였는데, 들어보니 헤롯왕이 보냈다고 하더이다."

"뭐라고? 헤롯왕이 보냈다고? 왜 그가 저들을 보내서 우리를 염탐하였다더냐?"

"아마도 저 아기의 목숨을 노리는 것 아닌가 하옵니다."

그 말에 요셉과 마리아는 너무도 놀라고 당혹하여 어찌할 바를 몰랐다. 학자 하나가 탄식하듯 말하였다.

"지나오는 길에 들으니 헤롯이 왕위를 지키기 위해 자식도 죽였다고 하여 두 번 다시 상종하지 않으려고 했는데 우리 몰래 이런 짓까지 벌였단 말인가?"

이에 무사 하나가 나서서 말했다.

"학자님들, 헤롯왕이 얼마 안 있으면 군사를 동원해서 우리 모두를 치려 할 것입니다. 빨리 여기를 떠나야겠습니다."

그 말에 다들 떠날 채비를 갖추려 했다. 학자 중 하

나가 요셉과 마리아에게 말을 했다.

"요셉과 마리아여, 너무도 죄송합니다. 우리 때문에 크나큰 피해를 보셨으니 몸 둘 바를 모르겠습니다. 조금 전 들으셨지만 헤롯왕이 아기의 목숨을 노리는 중입니다. 그러니 두 분도 빨리 이곳을 떠나 저들의 힘이 닿지 않는 이스라엘 밖으로 멀리 가셔야만 합니다."

"당장 어디로 떠난단 말입니까? 저희는 이스라엘 밖에는 아무 연고도 없는데요."

"우리 중에 이집트에 연고가 있는 무사가 있으니 이 사람을 따라가시면 될 것입니다. 그곳에 가시면 사는 데 불편함이 없도록 저희가 사람들을 보낼 터이니 일단 거기로 가셔서 머무르시기 바랍니다."

그러자 무사 중 하나가 낙타를 끌고 나와 요셉 부부를 태우고는 이집트로 출발했다.

한편 예루살렘 궁에서는 헤롯이 초조하게 소식이 오길 기다리고 있었다. 신하 하나가 급히 들어와 소식을 전했다.

"폐하, 염탐을 하러 갔던 자들이 발각되어 그들이 모두 도망쳤다고 하옵니다."

이에 헤롯은 분노가 들끓었고 미친 사람처럼 날뛰더니 누구도 이해할 수 없는 명령을 내렸다.

"그 아기는 필시 멀리 못 갔을 것이다. 베들레헴 동네의 남자 아기들은 보이는 대로 다 죽여 버려라!"

대제사장과 서기관들은 우려했던 것이 사실로 드러난 것을 보고 두려워했다.

"저 보시오. 내가 뭐라 했소. 헤롯이 자기 왕위를 호락호락 넘길 것 같소?"

"그러게 말이오. 새로 태어난 이스라엘 왕을 모시려다가 우리마저 다 죽을 뻔했소. 우리 몸이나 지킵시다."

이렇게 말하고는 다들 뿔뿔이 흩어졌다. 그 후로 그들은 자신들의 몸을 사리기에만 급급하여 아무 말도 못 하고 조용히 입을 닫았다.

천상에서 신과 가브리엘은 이 모든 광경을 근심 어

린 표정으로 지켜보고 있었다.

"하나님, 헤롯의 광기가 주님의 목숨까지 노리고 있으니 이를 어찌하면 좋겠습니까?"

"헤롯의 광기는 예상된 일이지만 가장 큰 문제는 제사장과 서기관들이 예수를 보호하지 못한 것이다. 자신들의 안위를 지키기 위해 다윗의 왕위를 계승할 이스라엘 왕이 태어났음에도 외면하였다. 이에 이스라엘 백성도 그들을 따라갈까 그것이 걱정이다."

"음.... 그렇군요. 이스라엘 백성들의 정신적인 지도자인 제사장과 서기관들이 돌아섰으니 주님의 길이 험난할 수 있다는 말씀이군요."

"그렇다. 만일 예수가 사가랴 집안에서 태어나 자랐다면 이스라엘 백성이 그를 보호했을 것이고, 이스라엘 백성의 눈치를 보는 헤롯도 예수를 함부로 할 수 없었을 것이다. 그러나 지금은 엘리사벳이 내쫓은 것이 빌미가 되어 사탄이 언제든 저들의 마음을 조종하여 예수를 칠 수도 있으니 그것에 대비하여야 할 것이다. 그러니 예수의 안위를 위해 모두가 신경을 바짝 써야 하느니라."

# 이집트로 피신

요셉과 마리아는 베들레헴을 떠나 길을 나섰다. 행여 헤롯의 군대가 쫓아오지나 않을까 두려움에 떨면서 길을 재촉했다. 민가에 들러서 잠을 자는 것도 위험하다고 생각하여 사람들이 다니지 않는 길을 이용해야만 했다. 낮에는 끝없는 길을 달렸고, 밤에는 천막을 치고 별을 보며 잠을 자야 했다. 다행히 칼을 잘

쓰는 무사와 동행하여 짐승들과 도적 떼로부터 무사
가 지켜 줄 수 있음에 안심이 되었다.

 요셉 가정은 20여 일간의 험난한 여정 끝에 이집트
에 도착했다. 무사는 이집트의 어떤 마을로 그들을
인도했다. 마을을 지나 사람들이 다니지 않는 한적한
곳에 작은 집 한 채가 있었다.
 "앞으로 이곳에 거하시면 됩니다. 세간살이는 집
안에 다 있으니 그걸 사용하시면 됩니다. 저는 이만
물러갔다가 나중에 찾아뵙겠습니다."
 무사는 그렇게 말을 마치고 돌아갔다.
 요셉과 마리아는 낯선 이집트에서 어떻게 지내야
할지 막막하기만 했다.
 "요셉, 우리는 여기서 얼마나 지내야 하나요? 이스
라엘로 다시는 못 돌아가는 건가요?"
 "마리아, 헤롯왕이 나이가 많아서 얼마 못 살 것이
오. 그가 죽으면 더 이상 우리를 잡으러 오지 않을 것
이니 그때까지만 여기서 지내봅시다."

요셉은 집에만 있기가 힘들었는지 마을로 가서 일을 하러 다녔다. 자신이 잘하는 목수 기술을 이용해서 이것저것 남의 집들을 손봐 주고 먹을 것을 얻어왔다.

그 사이 아이는 무럭무럭 자랐고 마당을 걸어 다니며 놀곤 했다. 요셉이 물끄러미 아이를 바라봤다.

'저 아이가 하늘의 아들이라고? 이스라엘의 왕이 된다고? 그런데 저 아이의 아버지는 누구란 말인가?'

아이를 볼 때마다 묻고 싶은 욕구가 올라와 물어보았지만 마리아는 절대로 대답하지 않았다. 단지 한 가지 말만 했다.

"아이의 아버지는 하나님입니다. 하나님이 저를 임신시키신 것입니다."

요셉은 단호한 마리아에게 서운한 마음이 들었다.

'사실대로 얘기해도 될 터인데 나를 아직도 못 믿는 것인가? 내가 이런 낯선 곳까지 와서 이 고생을 하는데도 너무 매몰차구나.'

그보다 더 서운한 것은 마리아가 절대로 자신의 몸을 허락하지 않는다는 것이었다. 요셉이 가까이 다가 가기라도 하면 마리아는 몸을 사리고는 그 어떤 여지도 주지 않았다. 요셉도 이제는 그런 마리아의 태도에 적응이 되었는지 마리아와의 동침은 포기해야겠다고 생각했다.

이집트에서 삶을 시작한 지 어언 2년이 지났다. 그동안 가끔씩 와 주던 무사는 얼마 전 고향으로 돌아가고 더 이상 오지 않았다. 이제는 이곳에 진짜 요셉 가정만이 남게 되었다. 하지만 헤롯이 죽었다는 소식은 아직 없었다.

'음.... 이러다가 여기에 눌러앉아 사는 거 아닌가? 고향으로 돌아가야 할 텐데....'

그렇게 고민을 하던 요셉에게 반가운 소식이 들려왔다.

요셉이 집으로 들어오면서 마리아에게 기쁨의 소식을 전했다.

"마리아, 드디어 헤롯왕이 죽었다고 하오. 이제 우리도 고향으로 돌아갈 수 있겠소."

# 요셉의 요구

요셉과 마리아는 나사렛으로 돌아와서 생활의 안정을 찾아 가고 있었다. 요셉은 전처럼 일을 하러 다녔고 마리아는 예수를 키우며 지내고 있었다.

어느 날 요셉이 술에 취하여 집에 들어왔다.

"요셉, 오늘은 왜 이리 많이 드셨어요? 얼른 씻고 주무세요."

마리아의 말에 요셉이 눈을 게슴츠레 뜨고,

"왜 많이 먹었냐고? 남들이 그럽디다. 아들 하나만 낳아서 되겠냐고. 셋은 낳아야지 않느냐고. 그러면서 내게 둘째는 언제 낳을 거냐고 묻더이다."

라고 말하고는 미친 사람처럼 시시덕거렸다.

그러자 마리아가 요셉을 부축해서 자리에 뉘었다.

"요셉, 많이 취하셨어요. 이제 그만 주무세요.

요셉이 입으로 중얼중얼 뭐라고 했으나 이내 코를 골았다.


다음 날, 날이 밝았다. 마리아가 요셉에게 진지한 표정으로 대화를 시작했다.

"요셉, 요즘 들어 술을 많이 드시고 오는데 저하고 사는 것이 괴롭습니까?"

마리아의 말에 요셉은 아무 대답도 못 하고 눈만 껌뻑껌뻑했다.

"술을 드시는 이유가 뭐죠?"

마리아의 다그침에 요셉이 대답했다.

"외로워서 그러오. 외로워서."

요셉은 그렇게 말하고는 두 손으로 자신의 얼굴을 감쌌다.

"나 자신이 부끄럽소. 한낱 외로움 때문에 이렇게 약한 모습을 보이다니. 하지만 어쩌겠소? 나도 당신 처럼 아이가 있으면 얼마나 좋겠소?"

"그게 무슨 말이에요? 예수가 남의 아이인가요?"

"예수는 하나님과 당신의 아이지, 내 아이는 아니 잖소. 나도 당신처럼 내 아이를 갖고 싶소. 그래야 이 외로움이 사라질 것 같소."

마리아는 요셉의 항변에 더 이상 아무 말도 할 수 가 없었다. 마리아는 요셉이 일터로 나가고 나자 혼자 우두커니 앉아서 많은 고민의 시간을 보냈다.


"요셉, 내가 당신의 뜻을 허락할 테니 대신 한 가지만 약조해 주세요."

마리아가 요셉의 거듭되는 요구와 항변에 두 손을 들고는 마지막 조건을 제시했다.

"그게 무엇이오?"

"예수는 누가 뭐라고 해도 이스라엘의 왕이 될 사

람입니다. 때문에 예수는 이런 촌구석에서 살다 갈 사람이 아닙니다. 그러니 예수가 10살이 되면 나사렛을 떠나 큰 도시에 가서 교육을 받을 수 있도록 해 주세요.”

마리아는 나사렛이 아주 작은 마을이라 이곳 출신이라면 이스라엘의 누구도 거들떠보지 않는다는 것을 잘 알고 있었다. 하지만 큰 도시에 나가서 교육을 받기에는 요셉의 수입으로는 감당하기 어렵다는 것도 잘 알고 있었다. 그렇다고 요셉의 청을 들어주고 아이가 생기면 요셉이 자기의 자식만 챙기고 예수의 교육은 멀리할 것을 마리아는 염려하였던 것이다. 그래서 궁여지책으로 요셉에게 예수의 교육에 대한 약조를 얻고 요셉과의 가정생활도 지키고자 했던 것이다.

요셉은 마리아에게 약조를 해 주었다. 그들은 그날 이후로 동침을 하였고 시간이 흐르면서 예수의 동생들도 생겨나기 시작했다.


“하나님, 마리아가 요셉의 청을 못 이겨 아이를 낳

았습니다."

가브리엘이 신에게 보고를 올렸다.

"그래. 마리아가 요셉에게 돌아갔을 때부터 우려했던 일들이 시작되었구나. 내가 마리아와 요셉의 인간적인 심정은 이해하지 못하는 바가 아니나, 예수에게는 아주 좋지 않은 상황이로다."

"혹여 요셉과 마리아가 예수에게 무관심할까 그러십니까?"

"그거야 당연한 일 아니겠느냐? 요셉이야 예수보다 자기 자식이 더 사랑스러울 것이요, 마리아는 예수보다 어린 동생들을 더 챙기지 않겠느냐?"

신은 요셉과 마리아가 여러 아이를 먹여 살리며 힘들게 살다 보면 예수의 보호와 양육이 뒷전이 될까 염려하였다.

# 애타는 엄마, 태연한 아들

안식일이면 요셉의 가족도 회당에 모여 예배를 드렸다. 예배의 순서는 찬양과 기도를 하고 토라를 낭송하는 것이었다. 낭송자는 순번을 정해 돌아가면서 앞에 나와 낭송을 했다. 예수도 나이가 되어 참여하게 됐는데 그가 낭송을 할 때면 다른 누구보다도 목소리가 깨끗하고 우렁차서 청중이 감탄을 하곤 했다.

또한 긴 문장도 한번 보더니 눈 감고 암송을 하여 사람들을 놀라게 하기도 했다.

이에 어른들이 예수를 보며 저마다 한마디씩 했다.

"저렇게 똑똑한 아이를 이런 시골구석에서 살게 하다니 아깝도다."

"그러게 말이야. 여기 살다 보면 기껏해야 제 아버지 따라서 목수밖에 더 되겠나?"

어느 때는 이웃들이 예수의 인물됨이 아까운 나머지 요셉에게 다가와 말하곤 했다.

"예수가 명석하니 이런 촌구석에서 썩기에는 아깝지 않은가? 멀리 유학을 보내어 큰 인물이 되게 해야 하지 않겠나?"

하지만 요셉은 그럴 형편이 되지 못했다. 그는 마리아와의 약조를 지키고자 하였지만 그의 형편은 나아지지 않았다. 먹고사는 데 쓰느라 그가 모아 놓은 돈은 얼마 되지 않았다. 그것 가지고는 예수를 큰 도시에 유학 보낼 수가 없었다.

마리아는 더 이상 예수를 이 시골에서 썩게 할 수

없다는 생각을 했다. 예수를 어떻게든 도시로 보내서 교육을 받게 하려 했다. 그는 요셉과 의논했다.

"요셉, 예수를 이대로 방치할 수는 없어요. 이번 유월절에 예루살렘에 올라가게 되면 예수를 엘리사벳 언니에게 보내려고 합니다."

"엘리사벳이라면 전에 말하던 사촌 언니 말이오?"

"네, 그 집은 명문가의 집안이고 예수가 교육받기에는 아주 좋은 환경입니다."

"하지만 친족이라 하더라도 그들이 허락하겠소? 우리가 그들에게 베푼 것이 없는데...."

"아마도 허락할 것입니다. 그 집은 저에게 빚진 것이 있습니다."


유월절이 돌아왔다. 이집트에서 고생하던 조상들이 탈출한 것을 기념하는 유월절은 이스라엘의 가장 큰 명절이었다. 전국 각지에서 예루살렘으로 수만 명의 사람이 모여들었다. 그들은 각자 양을 잡아 제사를 올렸는데 하루에 잡는 양이 수만 마리였다.

요셉과 마리아도 나사렛을 떠나 꼬박 일주일 만에

예루살렘에 도착했다. 성전 앞에는 발 디딜 틈 없이 사람들로 가득했다. 요셉이 자리를 깔고 아이들과 음식을 준비하는 틈을 타서 마리아는 예수의 손을 잡고 성전 근처 제사장들이 모여 있는 곳으로 갔다.

'이 많은 사람 중에서 사가랴를 어디서 찾나?'

마리아가 분주히 둘러보았지만 사가랴는 찾을 수가 없었다. 그때 어디선가 "사가랴 제사장님!" 하고 누군가가 불렀다. 그 소리에 등을 돌리는 사람이 있었다. 그는 어떤 소녀가 주는 물건을 받아 들고는 걸어가려고 했다. 마리아는 그가 사가랴임을 알아보고는 그 앞에 다가갔다.

"아니, 너는 마리아 아니냐?"

사가랴가 깜짝 놀라 마리아를 쳐다봤다.

"그동안 안녕하셨습니까? 형부."

"그래, 참으로 오랜만이다."

사가랴는 마리아의 손을 쥐고 있는 아이를 쳐다봤다.

"이 아이가... 예수냐?"

마리아가 "네." 하고 대답하자, 예수도 인사를 했

다.

"예수야, 지금 몇 살이냐?"

"12살입니다."

사가랴는 예수의 초롱초롱한 눈빛과 맑은 목소리에 심장이 떨렸다. 예수를 처음 보는 것임에도 불구하고 사랑하는 자식을 본 듯 부정(父情)이 순간 끓어올랐다.

"형부, 잠시 할 얘기가 있습니다."

마리아가 예수에게 기다리라고 하고는 조용한 곳으로 가서는 사가랴와 대화를 시작했다.

"예수가 어떤 인물이 될지 형부도 잘 알고 있을 것입니다. 그렇죠?"

"음.... 이스라엘의 큰 인물이 된다는 그 말 말이냐?"

"그래요. 그런데 아시다시피 요셉과 저는 예수를 양육하기에는 너무 부족해요. 우리는 아이들을 키우고 먹고살기도 쉽지 않아요. 그렇다고 하나님과의 약속을 어길 수는 없잖아요? 그러니 형부께서 저 아이를 데려가서 교육을 시키시어 큰 인물로 만들어 주세요."

뜻밖의 요청에 사가랴는 당황스러웠다.

"마리아…. 마리아의 심정은 이해가 되나…. 지금 당장 내가 결정을 내리기에는 너무 어려운 말이구나."

사가랴의 말이 끝나자 마리아가 갑자기 눈물을 흘리기 시작했다. 그는 그동안의 고통과 한이 북받쳐 올라오는 것을 애써 참아 내며 눈물을 삼켰다.

"형부는 저 아이의 눈을 보면서 무슨 생각을 했습니까? 너무도 자신과 닮았다는 생각을 했나요?"

마리아의 다그침에 사가랴는 아무 말을 못 했다. 그도 예수를 보면서 자기를 닮은 얼굴에 놀라던 참이었다.

"아버지가 아들을 사랑하는 것은 지극히 당연한 거 아닙니까? 제발 마음을 돌려 예수를 남이라 생각지 마시고 그를 위해 아버지의 도리를 다해 주세요."

마리아가 뒤돌아서 예수에게 다가가더니 예수의 손을 잡고 가족들의 처소를 향해 걸어갔다. 사가랴는 먼발치에서 그들이 자기 자리로 돌아가서 앉는 모습을 끝까지 쳐다보고 있었다.


제사장들이 제물을 바치는 행사가 시작되었다. 사가랴는 제사를 끝내고는 급히 집으로 돌아왔다. 엘리사벳이 유월절 음식들을 만들다가 말고는 나와서 놀라며 물었다.

"어인 일로 이렇게 일찍 오셨어요? 아직 행사가 다 끝나지 않았을 텐데요."

"오늘 당신과 긴히 할 얘기가 있소. 방으로 갑시다."

방으로 들어온 엘리사벳은 남편의 표정이 심각함을 느꼈다.

"무슨 일이라도 있어요? 왜 그리 표정이 어두워요?"

사가랴가 굳게 다물었던 입술을 열고 말했다.

"오늘 마리아를 만났소."

"그, 그래요?"

"예수가 벌써 12살이 되었더군."

"그렇겠죠. 우리 요한이와 나이는 거의 같으니...."

"마리아는 예수가 나사렛을 떠나 큰 도시에서 살기를 바라는 것 같소."

엘리사벳은 남편이 무슨 의도로 이런 말을 하는지 알 수가 없었다. 그는 아무 말도 없이 듣고만 있었다.

"엘리사벳, 나는 사실 마리아를 그렇게 보내고 죄책감으로 힘들었소. 우리 편해지자고 아이를 가진 여인을 내보내서 사지로 몰아넣었다는 것 때문에 말이요. 그동안 마리아가 예수를 키우면서 얼마나 힘들었겠소? 아이가 이제 다 커서 큰 도시에 나와서 배우길 희망하니 그에게 도움을 주고 싶소. 그렇게 하는 것이 내 마음의 빚을 더는 것이 될 것이오."

엘리사벳의 표정이 굳어졌다.

"그러니까 당신 말씀은 예수를 우리 집에 들여서 그 아이의 양육을 우리가 책임을 지자는 말인가요?"

"그렇소. 그 아이가 분명 큰 인물이 될 사람이라고 하지 않았소? 요한이는 그의 앞길을 예비할 인물이 될 것이고 말이오. 그러니 예수를 우리 집에서 키워 그들을 훗날 이스라엘의 큰 인물들이 될 수 있도록 합시다."

엘리사벳의 마음은 복잡해졌다. 마음으로는 예수를 받아들이는 것이 내키지 않았지만 딱히 반대를 할 명분이 지금 당장엔 없었기 때문이다.

다음 날 사가랴는 마리아를 만났다.

"어제 내가 엘리사벳과 의논하여 예수를 받아들이기로 했으니 그리 알라."

"그래요? 고맙습니다."

"나는 해야 할 행사가 많아서 가 봐야 하니, 나중에 예루살렘 성전 앞에 아이를 데려다 놓아라. 우리 종을 시켜서 집으로 데려가게 할 것이다."

마리아가 연신 감사하다고 인사를 하고는 예수에게 돌아왔다.

"예수야, 잘 들어라. 엄마가 전에도 너에게 얘기했잖니? 너는 나사렛에서 평생을 살 것이 아니라 더 큰 세상에 나가서 많은 것을 배워야 한다고 말이다. 어제 만났던 사가랴 제사장의 집안은 예루살렘에서 제일 유명한 가문이다. 너도 그가 우리의 친족임을 알고 있을 것이다. 그가 너를 어여삐 보시어 너를 양육

하려고 하신다. 그러니 너는 이제 그 집으로 들어가서 교육받으며 살게 될 것이다. 알겠느냐?"

예수는 이미 눈치를 채고 있었다. 그래서인지 하나도 놀라지 않으며 침착하게 대답을 했다.

"네, 알겠습니다. 어머니."

마리아는 예수의 손을 잡고는 예루살렘 성전 앞까지 같이 갔다.

"예수야, 그곳에서 잘 배우기 바란다. 엄마는 다음 명절 때 또 올 것이니 그때 다시 보자."

마리아는 예수가 입을 옷가지 보따리를 쥐여 주고는 눈물로 작별 인사를 했다.

엄마를 보내고 한참이 지나서 어떤 사람이 나타났다.

"혹시 예수 도련님 되십니까?"

"네, 제가 예수입니다. 저를 데리러 오셨습니까?"

"아니요. 그게 아니고 저는 엘리사벳 안주인께서 보낸 종입니다. 이걸 드리라고 하셔서...."

엘리사벳의 보따리 하나를 예수에게 건넸다.

"이것이 무엇인가요?"

　"이것을 도련님의 어머니께서 보시면 아실 거라 하셨습니다."

　"우리 어머니는 이미 떠나셨는데요."

　"떠나셨다고요? 아직 행사가 다 끝나지 않아서 내일 떠나시는 줄 알았는데요?"

　"아니에요. 나사렛으로 가는 무리가 오늘 떠난다고 하여 같이 가셨습니다."

　종이 아뿔싸 난감한 표정을 짓고 한동안 안절부절 못하다가 좋은 생각이 났는지 예수에게 말을 했다.

　"그러면 도련님은 여기서 기다리고 계세요. 제가 말을 빌려 타고 빨리 다녀오겠습니다."

　엘리사벳의 종은 말을 달려 나사렛 무리를 찾아 나섰다.


　엘리사벳의 종이 말을 달려 무리를 발견했지만 이미 날이 어두워지고 있었다. 그는 사람들이 묵어간다는 숙소들을 탐문하여 어렵게 요셉의 가족을 찾아냈다.

마리아는 그가 준 보따리를 풀어 보았다. 풀어 보니 상자가 있었고 그 상자를 열어 보니 주화들로 가득했다. 안에는 서판에 글이 적혀 있었다. 엘리사벳의 편지였다.

"마리아, 미안하다. 예수를 받아들일 수 없다. 대신 이 돈을 보내니 이것으로 아이에게 교육을 시켜라."

마리아는 그 자리에서 대성통곡을 하고 말았다. 한참을 울더니 눈물을 닦고 정신을 가다듬으며 말했다.

"우리 예수, 예수를 찾으러 가야겠어요. 차가운 성전 바닥에서 혼자 외로이 기다리다가 밤을 새우고 있을 거예요. 빨리 갑시다."

요셉이 마리아를 붙잡아 앉히며 말했다.

"마리아, 진정하시오. 지금은 깜깜한 밤이오. 지금 나갔다가는 위험하오. 대신 저 종에게 돌아가는 길에 예수를 보거든 내일 우리가 간다고 전해 달라고 합시다."

엘리사벳의 종이 예루살렘 성으로 돌아왔을 때 예수는 그 자리에 없었다. 너무 늦은 밤이라 찾는 것이 불가하여 할 수 없이 그는 집으로 돌아갔다.

사가랴는 행사를 다 마치고 늦은 저녁에 집에 돌아왔다. 그는 돌아오자마자 엘리사벳에게 예수에 대해 물었다.

"엘리사벳, 예수를 데려오라 시켰는데 예수는 어디에 있소?"

엘리사벳이 무심한 표정으로 대답했다.

"예수는 오지 않았습니다."

"뭐요? 예수가 오지 않았다구?"

"네, 제가 오지 못하게 했습니다. 대신 종을 시켜 마리아에게 돈을 주어서 보냈습니다. 그 돈이면 예수가 교육을 받는 데 충분할 것입니다. 이제 두 번 다시는 우리에게 찾아오지 않을 것입니다."

사가랴는 황당한 나머지 아무 말을 못 했다. '이게 무슨 일인가?' 하며 생각해 보았지만 아내의 심리를 도저히 알 수가 없었다. 한편 이렇게 자신을 무시하고 맘대로 한 아내의 행동에 크나큰 분노와 배신감을 느꼈다.

"어찌 이럴 수가 있소? 내가 그들과 약속한 것을 어떻게 이렇게 무참히 깨 버린단 말이오? 도대체 무엇이 못마땅한 것이오? 그 아이가 그리도 싫소?"

사가랴의 정곡을 찌르는 말에 엘리사벳도 화가 났는지 언성을 높였다.

"그래요. 싫어요. 그 아이가 우리 집에 들어오는 게 싫어요. 그 아이는 훗날 만왕의 왕이 된다잖아요. 그런 사람이 된다면 내버려 둬도 되겠죠. 왜 그를 우리 집에 들여서 상전으로 받들어야 합니까? 왜 우리 요한이를 지금부터 예수 발밑에 두려 하십니까?"

사가랴는 그제야 엘리사벳이 아직도 마리아와 그 아이에 대한 질투로 가득하다는 사실을 알게 되었다.


해가 뜨자마자 마리아는 예루살렘 성전으로 부지런히 달려갔다. 하지만 예루살렘 성전 앞에 예수는 보이지 않았다.

"예수야!"

요셉과 마리아는 소리치며 예수를 찾았다. 아무리 성전 밖을 돌아보아도 예수는 보이지 않았다.

"혹시 성전 안에 있는지 모르니 들어가 봅시다."

요셉의 말을 따라 마리아도 성전 안으로 들어갔다.

성전 안에는 방이 많아서 일일이 보면서 확인하는 것
도 오래 걸렸다. 그렇게 한참 동안 찾던 중 어디선가
사람들의 소리가 들렸다. 회당같이 생긴 방에 사제
들이 한 소년을 둘러싸고 모여 앉아 있었다. 그 소년
은 바로 예수였다. 사제들은 예수와 대화를 주고받으
면서 예수의 지혜에 놀라며 감탄의 표정을 짓기도 하
고 때로 웃기도 하며 대화의 꽃을 피우고 있었다. 요
셉과 마리아는 이 놀라운 광경을 보고는 한동안 말을
잇지 못하고 서 있었다.

"예수야!"

마리아가 예수를 불렀다.

예수가 고개를 돌려 요셉과 마리아가 문을 열고 서
있는 것을 쳐다보았다.

"예수야, 어찌하여 이곳에 있는 것이냐? 엄마 아빠
가 얼마나 찾았는 줄 아느냐?"

그러자 예수가 초롱초롱한 눈빛을 머금은 채 대답
했다.

"어찌하여 나를 찾으셨나이까? 내가 내 아버지의
집에 있어야 될 줄을 알지 못하셨나이까?"

## 에필로그

이 책을 통해 독자는 마리아의 비밀이 무엇이었는지 알게 되었다. 마리아의 비밀을 푸는 과정은 사실 성경의 비밀을 푸는 과정이었다. 또한 예수의 비밀을 푸는 과정이기도 하다.

혹자는 마리아의 성령 잉태 부정이 마리아의 권위와 예수의 권위를 떨어뜨리는 거라 말할 수도 있다. 하지만 전혀 그렇지 않다. 이 책을 처음부터 끝까지 정독한 사람이라면 신이 원죄 없는 예수 하나를 보내기 위해 얼마나 많은 수고와 노력을 했는지 여실히 알고 있을 것이다. 따라서 그런 우려를 할 필요가 없다고 분명히 말할 수 있다.

그럼에도 불구하고 그런 수고와 노력이 2,000년간 베일 속에 가려졌던 이유는 그럴 만한 이유가 있다고 생각한다. 만일 성령 잉태가 아니고 우리 인간과 똑같은 방식으로 예수가 태어났다고 한다면 사람들은 예수가 다른 인간과 무엇이 다르냐고 말할 것이며, 너도나도 메시아라고 주장했을 것이다. 신은 그러한 것까지 염두에 두고 2,000년간 비밀을 꼭꼭 숨겨 둔 것이었다.

　당시 사람들은 예수가 신을 아버지라고 부르는 것이 낯설었다. 지금은 다들 '하나님 아버지'라는 말을 쉽게 사용하지만 그 당시에는 위험한 언행이 될 수도 있었던 것이다. 그럼에도 예수가 마치 자신의 친아버지를 생각하듯 아버지라고 부른 것을 보아 어린 시절부터 신과 많은 시간 대화를 했었던 것이 사실이며 그런 대화를 통해 자연스럽게 자신의 아버지로 받아들였음이 확실하다. 이는 예수가 신의 아들, 즉 독생자라고 불리는 이유이기도 하다.

이 책에서는 원죄 없는 예수가 어떤 과정을 거쳐서 태어나고 자랐는지를 보여 주려고 했다. 성경에서 말하는 신화적인 예수가 아닌 정말 인간적인 모습의 예수와 그 주변 인물을 그렸다. 때로는 눈물겨운 상황도 마치 영화의 한 장면처럼 그려 보았다.

아쉬운 것은 예수의 삶에 초점을 맞춘 것이 아니고 마리아의 잉태에 초점을 맞추다 보니 예수의 유년 시절에서 이야기가 끝났다는 것이다. 만일 이 책이 잘되어 독자들의 성원과 요청이 쇄도한다면 예수의 삶에 초점을 맞추어 새로운 시도를 해 볼까 한다.

지금까지 이 책을 정독하고 애정을 주신 모든 독자에게 감사를 드린다.